如何用阅读改造大脑

脑科学家教我的读书法

头は「本の読み方」で磨かれる

[日] 茂木健一郎 著

李力丰 译

江西人民出版社

前　言

书是照见你自己的"镜子"
——问题是读什么书、怎么读书

　　在这个信息多得令人眼花缭乱的时代，我们要读什么书？要怎样读书？

　　这件事堪称一项重要抉择，它关乎我们今后能否睿智地生活。

　　本书要介绍的是，在做出这一抉择之际，笔者本人选择书籍的方法、阅读的方法，以及与实践相联系的方法。

　　有人说由于网络时代的到来，纸质书籍可能会被淘汰。但是，书的价值终归未曾发生改变。正因为这个时代每天都流动着令人应接不暇的信息，才更需要能够作为"定海神针"的书籍，使我们不致被海量信息卷走。

　　于笔者而言，书是一个"生命体"，它好比一位与我偶然邂逅、共同成长，并一路同行的益友。我与书之间并非只有一面之缘，通过不断地与书对话，可以了解新的思想；烦恼之际，可以从中寻求好的建议，或是被书中某段看似无心的话语拯救。

人成长了，书也会成长。从这个意义上讲，书也是一面"照见自己成长的镜子"。

例如，本书介绍了夏目漱石的名著《我是猫》。笔者在小学四年级初次读到此书，当时读到的感觉与现在截然不同。

漱石在这部作品中假借猫的口吻，讲述出人类内心卑鄙无耻的部分——表面虽装作不关心世俗，内心却无比渴求金钱；听说熟人娶了艺伎，心里羡慕不已，等等。而且，其中大多事情是作者漱石本人的经历。

人这种动物，会相互出言不逊，彼此擦肩而过，却又不得不一同走过人生。漱石把这种如动物园一般的场景生动地描绘了出来。

对于人类的愚蠢之举，作者能够如此清楚透彻地观望，着实令笔者感到畅快。

当然，在孩童时代并不是这样的读法，只不过随着自身的成长，笔者在《我是猫》中看到的世界也发生了改变。

之所以说你在读的书是"照见自己的镜子"，也正是出于这一原因。

读书？还是不读书？
——这将造成决定性的差异

书也是帮助大脑发育的最佳养料。

当然，影视和音乐等的效果也不错。但毫无疑问，书的信息浓缩度最高。

每时每刻都会有大量信息进入我们的大脑，而语言最终能将之归纳为"是这么一回事"。也就是说，语言是人脑的信息表达中最为浓缩的部分。

试想一下，哪怕是一篇文章的一行，也是作者从无限庞大的语言组合中精心筛选构成的。更何况，像本书这样多达两百余页的语言的排列组合，在宇宙的历史长河中都不会再次出现了。所有的书籍，都是在辽阔无垠、黑暗深邃的"语言宇宙"里，在某一时刻奇迹般地浓缩为结晶。

大脑一旦接收到这些被压缩过的语言，就会慢慢开始回味并将其逐步扩散，作为这一生的养料将其消化。

迄今为止，笔者阅读了大量的书籍。本书将要介绍给大家的，都是最值得花费宝贵时间和精力阅读的书籍，每一本都值得我们珍惜。

英国有一个著名的皮鞋品牌叫作约翰·罗布，据说一双鞋至少几十万日元，但是买了它可以穿十年二十年，故而性价比相当高。据说一旦穿上它，就不想再换其他鞋了。可惜笔者一向不穿如此高级的鞋子，但想通过这个例子说明，这一道理也适用于书籍。

人可以与书籍相伴一生，在相互陪伴的过程中会越来越喜爱书籍，书籍也会沾染上阅读者的"气息"。其次，它的价格远比鞋子低廉。

认为书籍无用的人，总有一日会因与他人生命深度及幸福感的差距而后悔莫及。

我想强调的并不是"穿着约翰·罗布去寻找好书"，而是"穿着金草鞋①去寻找好书"。

如果读完本书,大家能够找到属于自己一生财富的一本书,笔者将感到无比荣幸。

茂木健一郎

---

① 此处的金草鞋指金属制的鞋子,不易损坏,在日语中经常用来形容费尽心力寻找某样有价值的东西。——编者注

目 录

前言 I

第一章 培养"独立思考能力"的第一步 001

聪明人如何读书？如何灵活利用书籍？ 003
好处1 读书越多，看世界的角度越高 005
好处2 要锻炼大脑，读书是首选 014
好处3 做生活的"预防针" 026
好处4 读书是一件单纯的"酷事" 030
本章小结 038

第二章 有这种素养的人才是强大的 039

目标不是"优等生"，而是"御宅族" 041
聪明的头脑是这样培养的 048
能够创造出知识附加值的人的思想 051
做一个稍微"危险的人" 053
这样的冲击会成为"思考的契机" 063
关于实用类书籍 066

站在人生的"岔路口" 070
向世界一流人物学习的简单方法 076
"曾经打算读的书"也属于文化素养的
一部分 081
本章小结 086

第三章　怎样找到促进自己成长的书　087

文学界的文化素养之王——夏目漱石 089
首先阅读这些——各个领域的"冠军" 097
为何一本好书会成为聊天的话题？ 101
聊天的潜力 108
世界上最聪明的计算机也无法学会的行为 114
把书作为"要讲述的事物"来读 116
本章小结 119

第四章　吸收知识并将之巧妙运用于人生的
　　　　技能　121

绝对关键点1　大脑适合"杂食" 123
绝对关键点2　同时阅读多本书 133

绝对关键点3　打造作为自己轴心的"教典"　136

绝对关键点4　与"万事通"做好朋友　139

绝对关键点5　区分"网络的轻松"与"纸质的高端"　145

绝对关键点6　分清好文章与坏文章　152

绝对关键点7　对"速读"运用自如　157

本章小结　161

第五章　精选十本书作为"可供一生使用的财富"　163

要以这样的姿态面对复杂的时代　165

了解国家与个人——一本思考自由的书　166

"黑暗面"让人绽放光芒——
　　一本构建"人类基石"的书　169

极富正能量的诺贝尔奖科学家——
　　一本了解"理科思维"的书　173

真正的善良是什么——
　　一本发现"心灵美"的书　177

人看到神的那一刻——

　　　　一本了解"宇宙与地球"的书　180
努力活在当下——
　　　　一本寻找"自我救赎"的书　183
了解他人痛苦的人——
　　　　一本与黑暗对峙的书　186
"可爱"始于此处——
　　　　一本学习"日本之心"的书　189
使顽固的头脑柔和化——
　　　　一本培养"思考能力"的书　192
大学课堂上学不到的知识——
　　　　一本可以窥见"复杂人性"的书　196

相关书目　199

| 第一章 |

培养"独立思考能力"的第一步

读书之人与不读书之人,两者差距甚远

聪明人如何读书？如何灵活利用书籍？

各位是出于怎样的机缘翻开此书的呢？

也许有人平日里就会进行大量阅读，有人一年阅读量不过寥寥几本。

可即便是阅读量不值一提的人，也有过这样的想法："其实，我本想多读一些书的……"尽管许多人意识到阅读至关重要，却始终无法培养阅读习惯。并且，由于不懂得读书要领，也无法在头脑中积累知识。

大概由于我的专业是脑科学，所以经常会收到各种各样的问题：

"请传授给我一些能够有效吸收知识的诀窍。"

"所谓有智慧的人都在读什么书？"

"阅读会带来怎样的好处？"

"忙得没时间看书……"

"怎样提高阅读速度？"

"那些复杂深奥的文章，一翻开就想睡觉……"

"应该让小朋友读什么书？"

为了回答这些问题，在本书中我会结合自身的经历，介绍一系列读书方法。通过它，**可以使我们掌握"体验更美好人生的技能"**。

在我阅读过的书籍当中，既有180度改变自己人生的"最重要书籍"，也有出于工作和研究需要不得不阅读的"义务书籍"，还有一些"并非感兴趣才读的书籍"。

或许，阅读那些自己觉得索然无味的书并非易事。不过，**无论读什么书，都有使阅读变得乐趣十足的诀窍**。

书籍并不是漫无目的地拿来读一读就可以的。

假如不加任何技巧地阅读，书中的知识会如漏勺里的水一般流失殆尽。显然，这样阅读是感受不到乐趣的。

我逐渐感受到读书也需要某种技巧。

一旦掌握了这种技巧，就可以面对人生的种种问题。因为它能够帮助你在头脑中形成**"知识基础"**，获得一种**"睿智"**——不论发生怎样的事情，你都有能力应对。

有智慧的人拥有扎实的知识基础，又相当灵活。对此将在后面做详细的解释。

好处1　读书越多，看世界的角度越高

读书会带来怎样的好处呢？

一言以蔽之，**读书越多，看世界的角度就越高**。

形象地说，读的书越多，脚下堆砌起来的书籍数量越多。正因为是由一本本书堆砌起来的，人们才可以看到更为广阔、更为深刻的世界。读过十本书的人，会站在十本书的高度上看世界；读过一百本书的人，会站在一百本书的高度上看世界（当然，书是十分宝贵的，不可能真站在书上面！此处只不过是打个比方）。

阅读者涉猎的领域越多，脚下的立足之地就越稳固。

只读推理小说的人即使读了一千本，与广泛涉猎自然科学、哲学、小说、漫画等各种领域书籍的人相比，两者立足范围也大不相同。

请看下一页的图。图中阅读者脚下的"广度"（横轴）是由此人涉猎书籍领域的多少决定的。

假如一个人对各领域书籍都有涉足，不拘泥于类型范畴，那么他脚下会有很多方块，可以移动的空间也很大。

而脚下的"高度"(纵轴)是由此人在该领域中堆砌起来的阅读量决定的。当然,站得越高看得越远。

脚下的广度越大,看世界的广度和自由度就越大;站得越高,看到的视野就越远——书籍就这样不断堆积起来。

要使头脑变聪明,需要"高度"和"广度"

在大脑颞叶内累积数据

"读书能为人打造立足之地。"

用脑科学的专业术语解释这个说法,就是通过读书**可以在大脑的颞叶内不断累积信息数据**。颞叶是大脑中掌管人的记忆、听觉和视觉的地方,具有存储本人"经历"的功能。

也就是说,**读书等于增加自己的经历**。

比方说,一部小说可以让读者跟随主人公体验一遍他的人生。在阅读过程中,读者会感觉自己仿佛经历了人生中原本不可能经历的事情,观赏到原本不可能观赏的风景,自己的情感也会随之真实地起起伏伏。

除小说外,文章也是一样,可以使读者跟随作者体会与自己全然不同的想法与人生。读者可以顺着作者的思路走下去,按自己的步调探索他人不同的感觉和思想。

虽然仅仅将书的意义视为获取信息和增加知识并无不可,但是一本书所展现的深度思考,放到现实中很可能要在与他人多次共同进餐并建立深厚友谊之后才可以了解到。

与平日里点头之交的人际关系不同，我们通过大量的阅读，可以与很多人结下深厚情谊。

神奇不神奇？我们阅读书籍，其实就像与太宰治或陀思妥耶夫斯基共进了无数次晚餐一样！

也正因如此，我们才培养出一种有别于从前的全新视角——读书。

现代社会存在这样一种倾向：人们都轻视阅读，只局限于关注答案正确与否。此外，眼下正是网络时代，网络上充斥着成千上万的信息资源，只需输入关键词，马上就可以检索出答案。这一点也让人觉得，没必要特意把书本知识积累在大脑里了。

网络上的庞大信息仿佛是设在人体外部的大脑，无论何时都唾手可得。

通过读书，站在"巨人的肩上"

诚然，信息唾手可得是一件非常方便的事。然而，网络这种存在于人体之外的知识与人类亲身积累的"内部知识"有着天壤之别。

阅读，并不是将信息原封不动地复制到大脑。它既可以驱动人的喜怒哀乐，又可以丰富人的体验，同时还可以获知他人的内心世界。

另外，积累在大脑里的知识其实会继续发酵和成长，了解这一点非常重要。知识一旦积累在大脑里，就会形成决定人类行动的"感觉"。

读书并非在获取到信息之后就可大功告成。人获得的知识会跟自己过去与未来的经历相结合，产生新的意义，并在不知不觉中发展下去。**只有经历了这种不断发酵的过程，知识才能在人的头脑中沉淀下来，形成"智慧与见识"**。

发现了万有引力定律的牛顿曾经说：**"如果说我比别人看得更远些，那是因为我站在了巨人的肩上。"**

这一"巨人"是使"进击的巨人"都变得十分渺小，比地球还要庞大的巨人。

任何伟大的发现都不可能仅凭个人的力量实现。正是在消化了前人发现的基础上，才有了牛顿具有独创性的发现。

而牛顿又如何学习到前人的知识呢？自然是通过读书。

牛顿正是通过站在巨人的肩上——读过的书，才发现了全新的"万有引力定律"。

美国知名作家乔纳森·勒瑟姆说过,"把一件事物称为'原创'的人,十有八九是因为不知其来源。"

也就是说,能够创造出所谓原创事物的人,必定是在某些知识来源的支持下,通过大脑的充分积累及消化,才最终创造出成果。

通过阅读,可以将作者的经验转化为自己的知识,并在大脑内不断培育,一旦有需要便会呈现出一鸣惊人的效果。

"学习"就是"阅读"

我常常跟自己研究室的学生们说:"所谓学习,就是要阅读。"

我上大学时师从若林健之老师(时任东京大学理学院物理系教授)。他曾经告诉我,当时英国剑桥大学的弗朗西斯·克里克[①]每逢周末都会抱着大量的论文回家,论文的数量多到两只手都抱不过来。

在常人的概念里,学习就意味着埋头桌前背诵和大量

①发现了DNA双螺旋结构的科学家,诺贝尔奖获得者。

做题。但我在剑桥大学留学期间，悟出了"学习就是阅读"这个道理。

当专攻脑科学的博士研究生和学者们汇聚在研究室里，他们会做些什么？绝对是读书。

我所在的研究室每周会有一次读书报告会。学生们要从在全世界发表的无数论文中挑选一篇，在会上进行报告并加以讨论。

报告讨论的内容主要是这篇论文做了怎样的实验，导出了怎样的结果。但是，其目的并不仅仅是与其他人分享新实验的内容。

负责报告的人为何选择这篇论文？认为什么地方有趣？

撰写论文的学者实际关注的是何事？为何会想到做这样的实验？

即便论文作者与报告人的兴趣出发点不同，但论文作者必然是出于兴趣才做的实验。在了解了他们的想法之后，你会提出怎样的问题？

如何设法使实验变得更加有趣？

大家讨论的通常是以上这些内容。

之所以会采取这种读书方法，是因为**"能否站在他人的视角看待问题"是科学的一大要素。**

科学的特点是拥有客观看待事物的能力和脱离个人彻底验证的能力，这归根结底是一种能站在他人心理角度的能力，而绝非那些无人性的、冷漠的能力。

我认为不单单是科学，**所谓的知性正是指能够多大程度上站在多人的立场考虑问题**，这是通过读书才能培养出来的能力。而事实上，在属于知识性活动的场合中，积极读书也更加受到大家重视。

澳大利亚哲学家大卫·查尔默斯是我十分尊敬的一位朋友。某次一起喝茶小聚之际，他说："不管是什么书，都可以找到它的有趣之处，就算是无聊的书也一样，所以读书不要挑剔。我这个人，就是对书爱不释手。"

像大卫这种在无聊的书中也能发现有趣之处的人，堪称读书达人。

不过，要想达到这个程度，我们首先要使自己的头脑聪明起来，人格高尚起来。也正因如此，我们才需要用书籍来滋养自己。

任何一本书里都会有自己不了解的信息,也会存在与自己不同的见解。通过与这些内容对话,读者或感动,或反驳,或思考其含义所在。这就是所谓的"拓展自己的格局"。

好处2　要锻炼大脑，读书是首选

曾经有段时间日本很流行"锻炼大脑"一词。要说这个世界上对锻炼大脑最行之有效的方式，莫过于读书了。

只要翻开书的第一页，人就可以走进一个全然不同的世界。

第152届直木赏获奖小说《别了！》（西加奈子著）的故事开篇就出现了伊朗的场景。尽管我从未踏足伊朗，但只要翻开小说的第一页，那里的景色就栩栩如生地展现在我眼前。

此外，柯南·道尔写过一部《失落的世界》。该书讲述了在南美亚马孙深处仍然生存着恐龙，博士们作为探险家前去探险的故事。翻开小说，读者就仿佛一下穿越回了侏罗纪——书籍可以轻而易举地带你进入时间旅行。

无论你身在何处，书籍瞬间就可以带你飞入另一个世界。它成本低廉，且性能优越于新干线、飞机、宇宙飞船，或是任何一项高科技，是探索世界的工具之一。

的确，在读书之外也存在不少娱乐方式，都可以让人轻松地探索世界。

比如电影、绘画、音乐等同样可以瞬间把人带入另一个世界，宛如身临其境。而网络游戏、脸书（Facebook）、推特（Twitter）等可以使我们与陌生的外国人产生联系，甚至交流对话。

如今，娱乐方式多种多样，书籍不再是唯一的选择。但对热爱书籍的人来说，**最能锻炼大脑方式的依然是读书。**

下面我们就来具体了解一下。

为何仅凭一本书就能锻炼大脑？

我为何如此推崇读书？

这是因为，**不论时代如何发展，我们人类都必须不断地使用语言。**而只有通过读书来磨炼语言，才能使其散发光芒。

随着科技的进步，通过邮件、推特、脸书等社交工具，我们无须与他人见面就可以轻易取得联络。尽管如此，人类还是在使用语言。虽说有表情符号等无须语言的交流方式在逐步流行，但至少我们活着就要使用语言。

语言是我们的根基之一。语言能力既是与他人交流的能力，也是把握情感和状况的能力。因此，语言能力的差异决定了人在感受事物的方式、看待世界的方式、面对世界的行动方式以及与他人的交往方式上的不同。

要磨炼自己的语言，没有比书籍更合适的实践场所了。

假设目前有一本书。要完成这本书，需要耗费大量的精力、时间和人力。

作者无疑要运用自己全部的人生经历来写作，编辑也会进行一系列寸步不让的修改（本书即是如此）。从指出文字的谬误到调整成通俗易懂的文章，以及把握内容整体的方向性，完成一本书需要反复不断地推敲与增删。

此外，对于事实关系上是否有错误，是否有错别字等，校对人员的努力也不容忽视。

在如今网络普及的时代，很多人认为没有必要不辞辛苦地去书店购书，网络上大量的文章资源已经足够。

然而，再**没有比书籍更加凝结众人智慧，经过反复锤炼打造出来的文章了**。

我每天也会在推特上写下一些感想，不过那些文字远比纸质书籍的内容轻松。因此有时在推特上我会特意告知——只是在这里随意写下（想到的事情）。

在这些地方，只需把当天的所感所想如实地记录下来，这样也未尝不可。

可是，相较于这种轻松的备忘录，一本书却要经过反复地推敲再推敲，加上编辑和校对人员的努力，才能最终出版。故而，两者完全不能相提并论。

网络上的读物，即便是付费杂志的文章，大多数的出发点也只是泛读。相反地，一本书要经过数人的努力，其内容要在被反复阅读之后才能出版面世，如此方能令读者在拿到之后爱不释手。

在这里，笔者并非要否定博客或社交平台上的新闻报道。这些文章与那些流传百世的文章，与世代传诵的作品相比，其各自的意义迥然不同。同时，读者面对文章时大脑中被激发出来的力量也是不同的。

打磨"语言的能力"

打个比方来说，阅读书籍这种成形的文章，就好比去拳击馆一丝不苟地进行拳击训练。

而阅读邮件、脸书和推特上的文章，只能相当于日常的休闲逛街。

显然，阅读书籍的难度要远远高于后者，且颇为辛苦。因为是经过千锤百炼的文章，其中可能包含平时并不常见的表达方式，甚至是一些生僻的字词。在文章的分量上，两者也远远不能同日而语。

所以说，认真细致、有始有终地阅读一本书，就好比体能训练的状态。

各位读者，你想不想到书籍这一"大脑的健身房"中锻炼一下呢？

为了保持自己的母语能力，我时常会通过反复阅读夏目漱石的小说等方式坚持锻炼大脑。特别是那些**经历过时间检验的经典书籍，通常在文章表达方面堪称巅峰水准**。

即使在网络上浏览过很多文章，如果仅限于此，"语言的力量"也迟早会衰退。

这就好比棋逢对手，琴遇知音一般，遇强才能更强，读书也是同理。

人人都想永远保持年轻健康的体魄，我们也要树立这样一种意识：无论到何时，都要打磨和锻炼语言能力。

这不意味着表达任何事物都要使用令人叹为观止的复杂语言，但当我们需要尽可能准确地把握自己感受到的事物时，如果语言的精确度不高，就无法成功表达出来。

有时候我们会欣喜地发现，书中使用的语言表达方式恰如其分地展现了我们自己的思想。此时，心中原本无处排解的烦闷纠结也会一扫而空。

人一旦找到恰到好处的词语来表达自己的思想，就可以让别人更加深刻地了解自己，从而发现这世界上还存在与自己感同身受的人，自己的心灵也会被治愈。

当然，如果一个人熟悉了各种各样的表达方式，就可以更好地表达自己。因为了解语言就等同于了解自己，可以使我们更完美地表达出自己。

就这样，包含在千锤百炼的文章里的无数言语，可以向我们讲述那些我们不曾了解的情感与未曾遇到的经历。通过阅读大量书籍，我们不仅可以了解自己，也可以更加深刻地了解整个人类自身的心理和行为模式。

请大家尽力寻找一本可以引起自己共鸣的书籍，从头至尾读一遍。尽管一开始可能会有些艰难，但只要像健身一样每天坚持不懈地阅读，就会慢慢地拥有力量，可以阅读的书籍范围也会逐渐扩大。

而开启这种尝试的最佳时刻就是"现在"。

像咀嚼米粒一样

你的母语词汇量有多少呢？

母语为日语的人，大脑里会自然而然地进入大量日语。

然而，在实际使用时，我们用到的词汇必然少于已知词汇，不会运用到自己了解的全部词汇。**书籍也好，邮件也好，说话也好，每个人会有自己惯用的词语和表达方式，因此可以说语言能够表现出我们的个性。**

读完一本书之后，读者会留意到一些反复出现的词汇和表达方式。即使是原本并不知晓的说法，也可以自然而然地记住。这是因为读者已经熟悉了作者的语言习惯和词语用法。

比如说，就算是 IT 技术方面复杂的专业术语，听多了自然也就习惯了。一开始读者也许会有一些抵触情绪，认为过于艰深，不好理解。但如果试着读到最后，一定能够读懂一部分词语。

古人云，书读百遍，其意自见，就是指要反复地熟读一本书。只要反复熟读，书的意思自然就可以理解了。那时候人们就已经相信"重复的力量"了。

从这个意义上讲，读完一遍后没有完全看懂也无妨。不管是否会读一百遍，了解"重复的力量"才是重中之重。

读完一本书之后，哪怕只有一处读懂的地方，也可以将其消化成为自己的东西。这样，读者就会为读懂此处而开心，从而想要更多地了解作者，或试着阅读其他作者的书籍，又或者进一步钻研更难读的书籍。

正如咀嚼饭粒时越咀嚼越会觉得香甜，耐心地坚持阅读下去，读书就会使我们感受到隐隐的喜悦。

这种读书的喜悦，是指读者能够领悟到作者的语言风格，即文章自身的个性。之后，读者心中也会萌生出这样的想法：有朝一日，我也要写出拥有自己风格的文章。

所有的事情并非"别人的事"，而是"自己的课题"——

只有意识到这一点，大脑才能真正发挥出自己的潜能。这正是关键。

制造"多巴胺"的方式

现在介绍一下能够锻炼大脑的模式。

经常有人问："大脑在成年之后还会继续成长吗？"

正确答案是："不论到什么年纪大脑都可以得到锻炼。"

因为不论什么年纪，大脑成长的模式都不会改变，都是以"快乐"为基础的。

当我们做完一件事感到十分快乐时，大脑会单纯地想要再体验一次。我们要学会充分利用这种单纯性。

当你喝到一杯好喝的啤酒，就会想要再喝一杯；当你见到一位朋友，心里非常开心，就会想要再见到他。

一个人愿意重复某项行为，正是以快乐为基础的。

从专业的角度来讲，人在遇到快乐的事情时，大脑会分泌一种叫作"多巴胺"的物质。如果某一行为可以使大脑释放出多巴胺，想要做这一行为的回路就会得到锻炼，从而使人对某一行为成瘾，并产生依赖。掌管该行为的物质正是多巴胺。

顺便提一句，兴奋剂就是由一种与多巴胺非常类似的物质构成的。人体一旦摄入它，就会有类似多巴胺的物质在脑内四处乱窜，从而使人产生快感，并想要再次摄入。

令人惊讶的是，**人的学习行为与恶名昭著的"中毒（依赖症）行为"在结构上是相同的**。只不过通过何种行为制造多巴胺，以及锻炼哪一条回路，决定了结果的不同。

注射兴奋剂这种从外部为人体提供多巴胺类物质的做法，是最偷懒也是最危险的。这样做只会在大脑中形成"短路"，并无任何实质性的提升。甚至可以说，大脑会因此遭到破坏。那么，如果不想依靠这样的方式，而是让自己脑内主动分泌多巴胺，最应该做什么呢？

在完成自己本以为不可能完成的事，或发生了本以为不可能发生的事的时候，大脑分泌出的多巴胺是最多的。

提前把自己想要的生日礼物告诉朋友，并在生日当天如愿收到朋友送来的礼物，和本以为朋友忘记了自己的生日，结果当天却突然收到了出乎意料的礼物，这两种情况哪一种更令人惊喜呢？再回想一下自己当初学习游泳时，本以为绝对游不完二十五米，但突然有一天达成目标了，你是怎样一种心情？

苦尽甘来，终获回报之际，大脑分泌出的多巴胺是最多的。

事实上，我们的大脑都拥有化辛苦为快乐的机制。

不难想象，当不擅长做某事的人成功完成了该事时，快乐的感觉会尤为强烈。

也就是说，对于那些不爱读书的人来说，机会来了。因为越是对需要努力读书的人来说，这种效果越为明显。

因此，我建议不常读书的人试着先彻头彻尾地读完一本书。当原本以为读不下去，结果却成功做到时，大脑就会分泌出大量的多巴胺，从而令自己喜欢上读书。

假如觉得自己有可能做到这件事，或者在读完之后还想再读一本的话，千万不要半途而废。

此时要选择既不过于浅显，也不过于艰深，读完可以令自己感到开心的书籍。 自己设置相应的难度，然后成功完成就足够了。

人在重复这一行为的过程当中，会不知不觉地发现读书已经变得轻松起来。为了学习更多的知识,对于读书这件事也会变得更为积极主动。

不断地寻找对自己有一定难度的事情,大脑就不会感到厌倦。慢慢地,一个人就能做到普通人无法做到的,甚至是常人不可想象的事情了。

好处3　做生活的"预防针"

现在我们来谈谈读书的第三点好处。

书的内容往往是读者未知的事物，或是与读者完全不同之人的经历。从这个意义上讲，它是可以帮助我们向生活与现实社会提出异议的事物。

因此，书籍可以充当我们生活的"预防针"。

预防针，也就是疫苗，通过向人体注射少量的病原体，使人体产生抗体，从而可以与病原体做斗争。

假如有些书中的内容成为现实，很可能会造成社会的不稳定。

但是，对于那些**有可能导致社会崩坏的"不好的事"以及"黑暗面"，我们只有了解它、面对它，才能使心灵奇迹般地保持健康，学会强大。**

简而言之，就是人要拥有免疫力。

举个例子，也许真的有个别的有夫之妇，受到某部描写婚内出轨的小说的影响，在实际生活中抛夫弃子去追求爱情。

然而，不可能所有读者都会陷入这种不知所终的恋情之中。只不过通过阅读，可以使人了解到还存在这样的世界，令读者想象到自身也有可能遇到的"痛苦现实"，从而形成自制力。

此外，说不定会有读者在读到如此痛苦纠缠的恋情之后，对当下自己拥有的幸福有了新的认识。

一旦遇到难以置信的事情，预先有所了解与全无防备的情况下的处理方式有着极大的差异。因此，对这些事情我们不应敬而远之，而应主动提前了解。

这就是读书的"预防针作用"。

通过展现书中与当下社会有所差别的指向性，可以使人更好地生活。

英国作家乔治·奥威尔写过一部小说《一九八四》。

在这部小说中，作者讲述了一个虚构的故事。这个国家中人民的一言一行都受到了监控，一种被称为"电幕"的装置——电视机与摄像头的结合体——被安装在各个角落，独裁者"老大哥"通过电幕时时刻刻监控着所有人的影像和声音。

此外，就连人民之间也要互相监视。只要谁有半点不合乎独裁者意愿的言行，就会遭到告发、逮捕，甚至莫名其妙地失踪。在这部著名的警世之作中，作者描绘了一个异常恐怖的社会：根据老大哥的指示，过去的历史被肆意地篡改，不容许任何人拥有自己的思想，人民也完全不知道真相为何物。

最终，这部《一九八四》在2013年的美国作为现实的一幕上演了。在爱德华·斯诺登曝光了美国国家安全局的监听事件之后，这部小说被人们频繁地提及和议论。

斯诺登曝光美国政府每月监听数十亿网络和电话线路，这种公然搜集个人信息，以维持社会秩序为名对全世界人民进行监控的行为，侵犯了人们的自由与人权。

请各位想象一下。

在一个无法随意发出个人声音的社会里，不论是私人发出的邮件还是社交平台上的个人留言，无一不受到监控。对此会有多少人感到窒息难忍？又会有多少人感到不寒而栗？

尽管《一九八四》中描写的恐怖社会只是作者虚构出来的，却充满了强烈的现实主义气息。

长久以来，独裁者"老大哥"这一隐喻在美国人的心中根深蒂固。至今仍有许多人表示：绝不容许把我们的国家建为像《一九八四》那样监控全民的国家。并且，正因为虚构的小说中描写了可能出现的恐怖世界，才使现实变得更美好。

　　乔治·奥威尔的小说正是起到了这样一种警示世人的"预防针"作用。

好处 4　读书是一件单纯的"酷事"

这句话听起来似乎过于直截了当。但是，读书真的是一件酷事。

尽管如此，现在我们身边把书籍作为话题的人却越来越少见了。

不知是否因为身边越来越难获得有关书的消息，我听说现在流行的都是一些图书摘要网站。

从前，跟朋友们聊到书时，大家谈论的都是"这本书怎么样？""……这一部分好有趣啊。"

可如今，谈论书的话题变少了，人们似乎更喜欢谈论网上的段子。

甚至对女性居然出现了旧时代的说法——女孩子读太多书，脑子太僵化，会失去魅力，没有人喜欢……

对于这一点，我想说明一下。

事实上，有相当多的男性喜欢知识女性。

实不相瞒，本人也是其中之一。

乔治·罗伊·希尔曾经导演过著名电影《情定日落桥》，

故事情节哀伤感人。

电影情节是这样的:年轻的男女主人公听信了一个传说——只要在威尼斯的叹息桥上亲吻,相爱的人就会天长地久。于是两个人离家出走,远赴威尼斯。而事实上,这个传说只是一名老者编造出来的谎言……

女孩是美国一户豪门的大小姐,十分喜爱读书。可是,她一直无法找到知心朋友与之畅聊书中的内容。另一方面,男孩的家庭虽不富裕,人却十分聪明好学。

两人在相遇之初就有了惺惺相惜,终遇知音的感觉,之后相约一同前往威尼斯。

影片中有这样一个镜头:年仅十二三岁的女主人公正在床边阅读一本深奥的哲学书——海德格尔的**《存在与时间》**。并且,女孩阅读的竟然是德文版的原著。在看到画面的那一瞬间,我就喜欢上了这位聪慧过人的女孩。

爱读书,爱谈论读书,难道不是一件非常酷的事情吗?这个世界上真的有许多人都这样认为。

男人和女人更喜爱谈论书籍,这才是文化应有的状态。

实际上,我认为**今后应当是这样一个时代——每个人**

都能做自己热爱的事情，都能堂堂正正地展现自己的个性，这才是真正的酷事。

把书籍看作时尚单品

前面提到的电影暂且不说，现实中不论男女，假如在他（她）打开背包之际露出的是《存在与时间》，都会令人钦佩。

不过也有反例。我有个朋友叫盐谷贤，是研究较为深奥的"时间哲学"的哲学家，他的包里经常放着几本漫画书。

这些书都是诸如《真实发生过的开心故事》[1]《漫画时间》[2]之类轻松温馨、逗人发笑的漫画杂志。

这样的杂志与那些复杂深奥的哲学书放在了一起。

平常他一说到哲学就一脸严肃，动不动就要用理论强势地驳倒对方。这样一个人居然喜欢阅读轻松随意的漫画书，这种反差实在是太大了。

然而，这样出乎意料的一面也让他看起来更加地富有

---

[1] 原书名为『本当にあった愉快な話』，竹书房出版。——编者注
[2] 原书名为『まんがタイム』，芳文社出版。——编者注

魅力。

有一次在飞机上,我看到一名年轻的意大利女性正在阅读一本书,书名是 David and Goliath(《逆转:弱者如何找到优势,反败为胜》),作者是畅销书作家马尔科姆·格拉德威尔,其社科类著作受到极高评价。那一刻,我居然感到了怦然心动。

也许有人会说这是一种偏见,可我当时的确感到十分诧异——看上去如此温婉柔弱的女子,竟然会阅读这种刚劲有力的非虚构作品,真的是太妙了!

当然了,这种"反差定律"用在恋爱方面同样奏效。

书籍与服装一样,可以向他人展示自我的审美水准。

在我上大学的时候,同学们都很注意观察别人怀里捧着的是什么书。因为**书籍被公认为服装的一部分。你手里拿着的书,已经如实地暴露了你是怎样的人。**

英国有部电视剧叫《是,大臣》,是诙谐幽默的喜剧。

剧中有一位带点傻气的银行家,这个人总是随身带着《金融时报》,一份因一流商务人士爱读而知名的报纸。

《金融时报》的颜色是三文鱼粉色,与其他报纸有着明显的不同，拿在手上谁都认得出来。因此周围的人对此表示怀疑，不相信他会阅读如此富有智识的报纸。

于是有人问："你读《金融时报》吗？"他答："不。"

"为什么不读呢？"

"读不懂。"

"那你为什么要拿着它？"

"因为它是我制服的一部分啊。"

原来，他并不是为了阅读《金融时报》，而是把它当成了银行家制服的一部分。

这一段的本意是讽刺那些只会拘泥于形式的银行家。其意义深刻之处暂且不表，通过这部喜剧我们可以知道，的确有人认为书籍可以用来装门面。

可以这样要"面子"

我手里其实也有这种用来充门面的书。

去观赏瓦格纳①的歌剧时，我会随身携带**"雷克拉姆世**

---

① 威廉·理查德·瓦格纳（Wilhelm Richard Wagner，1813—1883），德国作曲家。——编者注

界文库"中的原版剧本前往。

"雷克拉姆世界文库"属于德国文库本系列，以轻巧精致的黄色装帧为特色。日本的岩波文库正是仿照雷克拉姆文库制作的。尽管在歌剧现场也会出售德日文对照版的剧本，但我硬会选择带原版过去。

这样做的好处有两个：

1. 做出一副"本人通晓德文"的样子，非常有面子。
2. 雷克拉姆文库的精致包装十分显眼，可以引人注目。

当然，只有在对雷克拉姆文库一目了然的"圈子"中才会有这种效果，不过这样也已经足够。

我带去的是雷克拉姆文库，但还会见到有人带总谱去。

要说我们是不是会在现场拿出来读，那是不可能的。

坦白地讲，这样做只是为了装酷。只不过将其作为时尚单品，用来装点充满文化气息的歌剧之夜。

只有日本人习惯包书皮

一个人拿着复杂深奥的书，并不等于他一定会读，也不等于他能读懂。说不定只是为了充门面。

不过，拿着这样的书既有面子，又可能被人好奇地问："这是什么书啊？"从而就此结识素不相识的人。

这样看来，书籍也算是一种交际工具。

书籍无须阅读，只要拿在手上就是一种信号。

真正的好书，只要拿在手上，就会给自己和周围的人带来神奇的魔力。

而电子书的缺点似乎也正在此。

外人无从得知自己正在读什么书，充门面自然是做不到的。另外，用智能手机上网浏览英文网站的做法，看起来的确很有商务范儿，可是外人仍然无法看清楚自己究竟在阅读什么。

而如果是纸质书籍，只要一看封面便可得知。

之前我也说过，只要在电车上看到有女士在阅读看似深奥的书籍，我就会多多少少地留意对方。

反之，如果一位男士家里的书架上摆着有品位的书籍，那么应该会有女性认为他非常聪明和富有魅力。

众所周知，日本人喜爱读书。

外国人在日本的电车上看到许多人埋头读书，都会表示相当地诧异。

如今，许多日本人都喜欢给书包上书皮。那么，当你拿着最想推荐的那本书时，请摘下书皮吧。

在你选好了每天的服装搭配后，不要忘记再配上一本书。

至此已经向大家介绍了读书的种种好处，下一章我会更深入地阐述通过读书积累起来的"聪明才智"。

爱因斯坦曾经说过："真正的智慧并非学问知识，而是想象力。"

这句话究竟是什么含义呢？

本章小结

- ✓ 可以打造"知识基础"的并非网络,而是书籍。
- ✓ 从你运用的语言可以看出"人性"。要注意打磨自己的语言。
- ✓ 想要锻炼大脑,可以从花时间读完一部经典书籍开始。
- ✓ 选择书籍时,要注意选择能够使现在的自己更上一层楼、拓展更多知识面的领域。
- ✓ "有面子"的书,要摘下书皮后带在身上。

第二章

有这种素养的人才是强大的

事业、交际、幸福……所有的一切都被读书左右

目标不是"优等生",而是"御宅族"

我自幼就热爱蝴蝶,也清楚这个爱好相当符合御宅族①的特征。

即便是现在,工作一有空闲,我就会跑去昆虫店看上一眼,因为那里有许许多多的蝴蝶。这十年来,我每天清晨都会坚持跑步,有时候跑着跑着就会有蝴蝶飞来和我做伴。一边寻找蝴蝶一边晨跑,可以说是我最大的乐趣了——我就是如此地痴迷于蝴蝶。

小时候,我家附近有一间书店,叫作愚公堂。名字大概取自中国典籍《列子》(关于道家思想的书籍)里的寓言故事"愚公移山"。现在想来,店主必是一位知识分子。我曾经拼命攒钱,然后去那间书店订购了一本一万日元左右的蝴蝶图书。

对于一个孩子来讲,一万日元这个数目大到可以让我双手发抖了。

---

① 本书中,该词意指对某一领域极为喜爱,从而对其有深刻研究的人,与是否出门无关。——译者注

看到我的样子，愚公堂的老板笑得颇有些深意。

御宅族就是如此，在别人觉得不可思议的事情上，我们却可以倾尽巨资。

热情是大脑"最强的发动机"

受到世人误解的事物有很多，代表之一就是"御宅族"。

说实话，御宅族一向被人当作"不可捉摸的外星人"。在其他人眼里，他们奇异、偏执、不可理解。

他们并不能起到什么明显的作用，反而会让人困惑不解：御宅族的意义究竟何在？

然而，我想说的是，御宅族个个都**充满自信，拥有热情**。

不管喜爱的对象是什么，他们都可以在上面付出足以令外人诧异的大量时间、金钱和精力。

热情是一种不可思议的东西。最初我仅仅出于喜爱而去追寻蝴蝶，但渐渐地，什么种类的蝴蝶栖息在什么地方，飞行路径是怎样的，什么蝴蝶比较珍贵，对于蝴蝶的生态我也了如指掌了。

这使我进一步接触到那些充满狂热的书籍，从蝴蝶的知识扩展到对科学整体的兴趣。

在追寻蝴蝶的过程中,我读到了讲谈社连续多年出版的一套科普系列图书——*BLUE BACKS*。这套书尽管写得通俗易懂,却也涉及一些与小学算数、理科课程并无关联的内容,比如"相对论""粒子物理学""宇宙论""生命起源",等等。

在这期间,我还读到了爱因斯坦的传记,心中对他达成的科学成就充满无限向往,开始立志成为一名科学家。

沉迷在你所热爱的事物里,从中顺藤摸瓜地培养出各种其他素质——这就是成为御宅族的过程。正是因为幸运地经历了这样一个过程,今天的我才能成为一名脑科学家。

最近询问过高考生之后,我才发现很多人居然没有经历过这样的过程。他们只懂得课堂上学到的知识,或者可以说,人为因素阻碍了他们成为御宅族。

为了考试而用功读书的人,直到大学毕业都可以取得非常优异的成绩。可一旦步入社会,他们也许就会迷茫——究竟自己想做什么?果真这样就可以了吗?以致无法找到个人的标签。

委婉地说，充分学习知识的最快途径是沉浸于自己热爱的事物。

我认为，拥有热情远远要比成为优等生更重要。

假如有小孩整天热衷于读物理书，嘴里没事就念念有词："夸克（构成物质的一种基本粒子）分三代，有六个种类……"可能会被大人责怪："课本上的东西不学，净喜欢考试不会出的东西。"可是，孩子是出于兴趣才沉浸其中的，作为一个小学生，他已经接触到大学层次的知识了。

不论他对夸克多么如数家珍，从短期来看，他在学校里的成绩未必会提高。然而，这个孩子仍然可以很好地把握自己的人生道路。

很多时候，用世俗的尺度衡量判断一个人聪明与否、学习能力如何，从长远来看并无意义。真正重要的一点在于，一个人能否专注于某项事物。

如果一件事能让人身心快乐，自己就会沉浸其中。

如果一个人身心快乐，学习起来就不会感到痛苦。

无论周围的人说了什么，我们都不能半途而废。想必也有人觉得，一味沉浸在让自己身心快乐的事物中会有一种罪恶感。其实，我们应当堂堂正正地坚持下去，因为这才是让自己散发出耀眼光芒的秘诀。另外，当有人沉浸在自己热爱的事物中时，也请大家给予他关心与支持。

了解世界之大的人究竟看到了什么

作为一名御宅族，对于蝴蝶我可以自诩为半个专家。可是对于历史，我却知之甚少，至今还有颇多一知半解的地方。

例如，我最近才知道日本历史上有个著名的大事件，叫作"中国大返还"。这个事件是指，丰臣秀吉在听闻织田信长的死讯后，立刻率军以迅雷不及掩耳的速度从中国地区[1]返回了大山崎（现在的京都市）。

再比如，我看过三谷幸喜导演的电影《清须会议》才知道，还有"清须会议"这个名词。这是一场在织田信长遭到明智光秀谋害而死之后，众人商议决定其继任者的会议。

当时我的感想是：原来这世上还有太多我不知道的知识。

---

[1] 日本本州岛西部一个地区的名称，包括鸟取县、岛根县、冈山县、广岛县、山口县五个县。——译者注

幸好我是其他领域的御宅族。

我是一名科学工作者,为了理解英国数学家艾伦·图灵的工作,我可以对必须掌握的"可计算性理论"和"集合论"(均为数学理论)如数家珍。不过,对于日本历史上的"中国大返还"和"清须会议"这些知识,我却所知寥寥。

决定做哪方面的御宅族,要看本人的志向和有机会接触到的书籍。"日本史御宅族"专心钻研日本史就好,"蝴蝶御宅族"专心钻研蝴蝶就好,没必要因为自己有不了解的领域而感到羞愧。

世界如此之大,不懂装懂才会让人奇怪。

反过来说,通过做某方面的御宅族,也可以了解到世界之大。

因为为了做御宅族,必须不断地坚持学习,再辛苦的路程也必须走下去。读书是永无止境的,世界如此之大,正如我不甚了解日本史一般,即使可以斗志昂扬地坚持阅读,自己无法企及的地方永远还有千千万万。

"原来自己不了解的世界如此之大……"

如果能拥有这种绝望般的"御宅族的感觉",应该是人一生的财富。

人必然有不懂的事物。遇到不懂的事物时，该做的就是不耻下问。

东京大学有一位研究科学史与科学哲学的老师，名为广松涉。他常常教导学生："一名学者，一天要读三千页书。"可是无论怎么计算，一天也读不了三千页。

我想，他想表达的可能是，**要想做某个领域的御宅族，一天读三千页也远远不够。**

世界上我们不懂的事就是如此之多。

那么，要想做御宅族，应该从何时开始读书？当然是"现在"。

聪明的头脑是这样培养的

假如一个人自幼热衷于某一事物，读书不区分文科、理科、社会，并且知道世界之大，那么他必定会成为头脑聪明的人。

有的孩子虽然从小博览群书，但在学校里的成绩也不过差强人意而已。

不过，这样的孩子显然已经在无形之中汲取到大量的知识。对于学校里的功课，只需掌握记忆背诵的技巧，就可以较快地提升成绩。而读书对人生的影响是潜移默化的，需要时间来慢慢体现。

这样的孩子终有一日能够成才，只不过还需要耐心地等待。

有些时候，读书具有非常戏剧性的效果。因为读了某一本书，所以选择走上某一条路，可能一瞬间就会改变人生道路。也有时候人们不知道读过的书会给自己带来怎样的影响，但变化却在悄悄发生。

"你想做什么？""我只想一心读书"

作家椎名诚的好友目黑考二创办了月刊《书的杂志》。

目黑热爱读书，也懂得世界之大。

当初，椎名诚担任总编的STORES杂志社举行招聘，目黑也前去面试了。

椎名问目黑："你想在我们这里做什么？"他的回答是："我只想一心读书。"

虽然是招聘员工的面试，目黑却没有回答明确的目的。

像这样的回答在平常必定会被无情地淘汰，然而椎名意识到目黑的有趣之处，并决定录用他。

"除了读书，我什么也不想做。"对于这样一个异于常人的人物，谁也不知道他今后究竟会有什么作为，而椎名却凭着敏锐的直觉嗅到了。

不愧是大名鼎鼎的椎名！

据说，有一次目黑写了一篇报告，名为"这样的书读来十分有趣"。这篇报告写得妙趣横生，精彩无比，引得周围的人争相借阅。

最开始，他给每个人复印了一份分发下去。到后来，由于前来借阅的人实在太多，复印费也直线飙升。他觉得既然花费到了这个地步，索性办一份杂志，因此就有了《书的杂志》横空出世。

目黑经年积累的读书经验形成了他有趣的人格，并最终表现在他语言的分量上。

这一切帮助他顺利创办杂志，成立了杂志社。

读书可以培养基本的脑力。

培养基本的脑力固然重要，也有人不懂得之后如何发挥脑力。就像目黑在最初遇到椎名诚时描绘的愿景，听上去不会马上有所作为。

可是，只要千里马能够遇到自己的伯乐，在万事俱备的情况下，他的才华就有用武之地。

能够创造出知识附加值的人的思想

记者佐佐木俊尚曾经预言:"今后,使用网络的人会分化为两类。"

一类人会为了搜集信息和提升自我而使用网络。如今,无论想查询什么,网络上都有铺天盖地的信息。

比如说,2014年乌克兰的亲欧美派与亲俄派之间发生了冲突,乌克兰的形势十分紧迫。如果想要了解这方面的相关知识,在网上就可以查询到很多,包括乌克兰的俄罗斯裔居民人口分布情况,有着怎样的历史背景,等等。

而另一类人觉得活在自己封闭的小圈子里就足够了。闲来无事,被动地浏览一下朋友圈,或是打打游戏,这就满足了他们的需求。

如今的实际情况是,能够创造出知识附加值的人将格外受到大众的瞩目。

过去,随着服务规模的扩大,企业需要的员工人数也越多。相比之下,现在的模式是极少数人就可以建立起一个庞大的系统,且全世界的人都可以使用这一系统。

反过来说，在这个时代，即便个人不能创造附加值，只要利用好这些大规模的系统也可以轻松地生活。因此，今后将分化成两类人——一类是虽不创造附加值也可以轻松活下去的人，另一类则是选择提高自己，创造知识附加值的人。

我想，正是读书拉开了两者之间的差距。

即使我们自己不能开发出改变世界的技术，最起码也要拥有了解世界发展变化的能力。

我们既需要拥有工程师方面的技术知识，也需要拥有深度的文化观与世界观，以预见今后文明将如何演变和发展。

一本书即使不能完全读懂，也可以向我们传递这样一个信息：此刻，世界正在酝酿着改变。

从零开始，将关键词逐个输入搜索框进行查询——假如要通过这样的方式学习，恐怕会让人无从下手。可如果是拥有世界最顶尖知识的人撰写的书，从某种意义上讲，就可以让人轻松学习到一套完整的知识了。

这是因为，智者上万个小时的经验已经被浓缩成了一个小时的读书过程。您不觉得神奇吗？

做一个稍微"危险的人"

我觉得，一个聪明的人往往也是具有危险性的人。

这里的"危险性"指的是什么呢？

如今，由于读书可以丰富人们的心灵，大家都积极地推崇读书。可是在过去，读小说被视为一种危险的行为。

比如说，如果好人家的子女读了《安娜·卡列尼娜》[1]开始向往那些有失道德的恋情就麻烦了。正是因此才有人主张不能读书。

有时，书中的确会包含一些颠覆人类文明、超越常人理解的内容。通过读书，人可以发现自己的渺小，以及现如今的社会形态不过是相对而言的，等等。

书籍也是一种危险的事物，可以动摇读者眼前的现实。

在读书方面，我们要有一种心理准备——越是看得见广阔的世界，就越有可能踏入危险区域。

也许现在的家长认为小孩子爱读书是一件好事，可是随

---

[1] 俄国大文豪托尔斯泰的作品，故事讲述了嫁入豪门的安娜·卡列尼娜爱上一名青年上校，从而悲剧开始上演。

着时代的变化，将来他们也许会极力阻挠自己的孩子读书。因为一本书很有可能改变人的一生，就是如此地夸张。

虽说"良药与毒药之间，只差一层纸"，书籍也可能真会成为一剂毒药。我想，只有耐得住这种毒性，在微妙的平衡中求得生存，才能够称为真正的"智慧"和"聪明"吧。

人类历史上出现过许多创造出卓越成绩的人物，比如物理学家爱因斯坦、牛顿，还有近来的史蒂夫·乔布斯（苹果公司前 CEO），等等，他们都拥有"危险的智慧"。

这些天才常常会做出一些让周围的人困惑不已的行为。

乔布斯年轻时就是一名不折不扣的完美主义者，性格喜怒无常，用人方法也颇为粗暴。

据说，由于他过于在意产品的质量细节，周围的员工经常被他呼来喝去，结果导致他被周围人疏远，甚至一度被逐出自己亲手创立的苹果公司。

想来，面对理想与现实之间的巨大差距，要找出两者之间的连接点并非易事。

尽管乔布斯被周围人的所讨厌，但只要他说出一句"可以做到"，不管看上去多么天方夜谭的事情，最终大家也会改变想法跟着他走。毫无疑问，他就是这样一位拥有领袖力量的人物。

也许，具有"危险性"并不是那么地可怕。

人在努力生活的过程中，不可避免地会遇到这样那样的危险局面。

创立新公司可能是一件危险的事，思考社会存在的形式也可能是一件危险的事。这是因为两者都需要不受世俗观念约束，勇敢地向外界踏出第一步。

要想更好地生存，寻求更多的可能性，"危险性"是必不可少的东西。

或许一个人会受到某本书的影响而对当下的学校制度和教育体系提出质疑。

不过，读书也可以让人**了解带点危险的香气**。

读书带给人的可能不只是"有点危险"，而是相当具有摇滚精神。**这也是读书的真正乐趣所在。**

在自己国家是"常识"的事物，在其他国家可能并非常识

我们阅读外国的书籍，是为了打造智慧，是一种体面的训练。

有很多人认为，大多数翻译过来的书里会采用一种令人焦躁不安的表达方式，很难读懂，因此很少去主动接触它们。但是，我还是强烈建议大家阅读翻译作品（当然，我们的目标是有朝一日能够阅读原版书！）。

不可否认，翻译过来的书品质良莠不齐。不过有时候所谓的"很难读懂"，也许是因为读者把自己国家当成了阅读的"背景条件"。

当我们大量阅读翻译作品，习惯成自然之后，自己就可以逐渐理解外国书籍写作的背景条件是怎样的，随之就会明白**在自己的国家被认为是常识的事物，在其他国家应另当别论**。

"什么样的书比较好？"

"应该以怎样的标准挑选书籍？"

我经常会遇到这样一些提问。那么，不妨就先读一读在全世界范围内最为畅销的书籍吧。

譬如说，对于从事商务工作的人士，我会推荐阅读以下两本书：马尔科姆·格拉德威尔的《引爆点》(The Tipping Point)和《异类》(Outliers)，我在第一章中也提到过他。

格拉德威尔是一名知名记者，他的作品经常发表在美国首屈一指的高级周刊杂志《纽约客》上，并深受好评。他著有众多畅销书籍，这两部正是他的代表作。

《引爆点》是一本探讨互联网的书籍。一向销量平平的商品会突然由于"某个原因"爆红，作者对这一现象背后的发生机制进行了分析。同样的商品，为何甲公司销售时就无人问津，而乙公司却能令其大卖？——如果你有这样的疑问，那么推荐你阅读这本书，它一定会解开你心中的谜团。

在《异类》一书中，作者如书名所示分析了以下内容：那些被认为是"异类"的杰出人士是如何被世人发现，如何走出一条成功之路的；尽管有才华最终却未能取得成功的人，又是出于怎样的原因失败的。这本书对"才华横溢之人"做了多方考证，描绘出天才诞生的背景。

一般人对此可能会嗤之以鼻：天才的才能不就是天生

的吗？难道还有其他理由？而作者为揭示天才的本质做出的全部努力，也正是本书耐人寻味之处。

当然，能读懂英文的读者可以读原版，读不懂英文的读译本也可以。

畅销全球的书籍受到了全世界众多读者的喜爱，这样的书最适合用来认识世界，并且这些书中大多充满令人钦佩的、闪烁着光芒的真知灼见。

如果有人想对日本的社会与教育现状提出质疑，这些书也值得拿来一读。

举个例子，对于日本现行的大学制度，尤其是通过偏差值[①]这样一种从高到低进行排名的考试制度来判定一个人的"聪明才智"，笔者在很大程度上不敢苟同。

在前面提到的《异类》一书中有这样一段质疑：

通过考试判定出的聪明程度与实际在社会上取得成功之间有关联吗？具体来说，智商高的人果真会比智商低的人做出更伟大的成绩吗？（此处作者使用的指标是智商，

---

① 日本人对学生智力、学力的一项计算值。反映了每个学生在所有学生中的能力排名。——译者注

而非偏差值。)

智商是一项综合判定人的潜能大小的指标,按照这个理论,智商高的人理应比智商低的人做出更优秀的成绩。

那么,诺贝尔奖获得者都毕业于哪些大学呢?是否都集中在平均智商超高的哈佛大学等一流大学?

对此,作者格拉德威尔追溯到2007年,调查了获得诺贝尔医学奖和化学奖的各二十五位美国人的毕业院校(见下页),他的结论是这样的:

这份名单绝不是那些智商超群的高中生想考取的大学名单。

在日本也时常会发布一些大学偏差值排名,但真正的成功绝不是由这些排名决定的。

哈佛大学的获奖者的确要比其他大学多一些。但哈佛原本就是其中最富裕、最具历史名望的大学,故而也集中了全世界最优秀的学生。从这一点来看,获奖人数多一些不也是情理之中的事吗?

要想成为一名诺贝尔奖获得者,只要能够考取诺特丹

诺贝尔医学奖 美国获奖者毕业院校	诺贝尔化学奖 美国获奖者毕业院校
安提阿学院	纽约市立学院（2位）
布朗大学	斯坦福大学
加利福尼亚大学伯克利分校	戴顿大学
华盛顿大学	罗林斯学院
哥伦比亚大学（2位）	麻省理工学院（2位）
凯斯理工学院	格林内尔学院
麻省理工学院	麦吉尔大学
加州理工学院	佐治亚理工学院
哈佛大学	俄亥俄卫斯理大学
汉密尔顿学院	莱斯大学
北卡罗来纳大学	霍普学院
德保罗大学	杨百翰大学
宾夕法尼亚大学	多伦多大学
明尼苏达大学	内布拉斯加大学
诺特丹大学	达特茅斯学院
约翰·霍普金斯大学	哈佛大学（2位）
耶鲁大学	伯利亚学院
联合学院（肯塔基州）	奥格斯堡大学
伊利诺伊大学	华盛顿州立大学
得克萨斯大学	佛罗里达大学
圣十字学院	加州大学河滨分校
艾姆赫斯特学院	马萨诸塞大学
盖茨堡学院	
纽约市立大学亨特学院	

大学、伊利诺伊大学这些"一般优秀的大学"就足矣。

他甚至还说:"那些名校不妨废除入学之际的繁杂手续,以所有达到分数标准的报考者为对象,通过抽签来决定入学者。"

这一段话令我忍俊不禁。

总而言之,这些话尖锐地指出了以大学排名来衡量人生是一件多么愚蠢的行为。同时这也是一项"事实",好的书籍会揭示出"事实"。至少在美国,考取哈佛大学并非获得诺贝尔奖的绝对条件。

各位是否也曾有过这样的想法——考不上某所大学,就无法进入好的公司工作,就难以收获成功的人生。看过格拉德威尔举出的例子就可以知道,他**坚信谁都可以取得天才级的成功,这与天生的能力并无关系**。

在日本,偏差值的概念可以说已经渗透到方方面面。有一种偏见是,偏差值低的人头脑愚钝。还有一种偏见是,以大学排名来决定一个人能去哪里工作。人们有意无意地向他人灌输这些偏见,以至于很多人都觉得自己太笨了,从而选择了放弃。

可是，这样的说法实属无稽之谈。通过阅读这些书籍，我们就能明白或许还存在另外一个世界。

因此，有人会通过读书得到释然："原来应该这样想啊。"也可能有人通过读书了解到与以往完全不同的想法，从而产生苦恼与纠结。

不过，这正是读书的价值所在。

这样的冲击会成为"思考的契机"

读书时产生的苦恼与纠结——这种精神上的动摇,是大脑成长过程中不可或缺的一部分。

多年来,我一直喜爱阅读《绿山墙的安妮》。

上小学的时候,我第一次读到《绿山墙的安妮》,当时这本书给我的心灵带来了巨大的冲击。

书中描写的生活方式、人生观和世界观与我那时所知的小小世界有着天壤之别。

故事始于马修与玛丽拉兄妹要收养一名孤儿院的孩子,这给年幼的我带来了极大的新鲜感。

"收养一个孤儿院里的孩子,究竟会发生什么事呢?"

兄妹俩当时希望收养一名男孩,可阴错阳差地送来了一名女孩。这个女孩就是安妮。

一方面,安妮兴奋雀跃地想象着未来在马修和玛丽拉的家里幸福地生活,而另一方面,兄妹俩心中大失所望,因为原本他们想收养一名帮助家里分担农活儿的男孩。

虽然与自己的期望不符,哥哥马修却说道:

不要考虑这个孩子能为我们做什么，想一想我们能为她做些什么吧。

因此，马修和玛丽拉兄妹决定收养阴错阳差来到家中的安妮。我当时从未听说过这样的想法。

我周围的大人们也从来没有告诉过我这样的想法。

想想自己能为对方做些什么——这是什么意思？读到这句话的时候，我恍然大悟：这个世界很大，还存在与自己所处的社会截然不同的价值观。

这简直是一种哥白尼式的颠覆！书真是一种神奇的事物。

至今为止，我仍然会反复阅读《绿山墙的安妮》。正因为有了阅读这本书的经历，才令我真实地感受到自身的存在。

"尝试对自己所处环境下的价值观提出质疑。"

"世间万物，还有太多自己不了解的东西。"

自从受到《绿山墙的安妮》的冲击，我的心中时常会有这样的想法。

我有时也会通过媒体表达自己对日本社会的批判，而这其中读书的影响颇为巨大。

《绿山墙的安妮》教会了我一个道理：周围的人认为是常识的事情，在其他地方也许还存在不同看法。

关于实用类书籍

那么，从有益于人生的角度来看，实用类书籍又如何呢？

大家可以到书店里去看看，很多书籍都是以"简单"和"高效"为宣传点的。

在我小的时候，书店里就有专门摆放实用类书籍的书架。

不过那个时候绝大多数书都以"如何养第一条狗""鹦鹉的饲养方法""如何下围棋/将棋"等为主题，只是单纯地介绍技术方面的知识。

我特别喜欢这类书，从"乌龟的饲养方法"开始，几乎读遍了所有的动物饲养方法，其中最令我感兴趣的是鹦鹉。在此讲一点无关的话题：鹦鹉中最高级的品种叫作粉红鹦鹉，是澳大利亚的一种鹦鹉。在日本买一只粉红鹦鹉的价格高达两百万日元，我当时的梦想就是有朝一日养上一只（当然，目前依然没能实现）。这就是当时的实用类书籍给我留下的印象。

相比之下，近来实用类书籍的书架上越来越常见的是脱离具体事物、介绍生活方式的书籍。

这个变化在很大程度上是因为出现了电脑、网络和编程之类的概念吧。

如今，不论是智能手机还是电脑都可以安装各种 App（应用程序）。所安装的 App 不同，个人生活也会随之发生改变。在这种状况出现之时，人们也开始更多地关注操控人生的方法——怎样做才能改变自己的人生，怎样做才能使自己的人生变得更加美好。

提取了"精华"却不能如意的理由

如果说从前是以"物"为中心，那么现在就是以"事"为中心了。

十多年前，电脑类书籍都是以介绍"哪台机器外形美观""哪台机器性能优越"等"物"方面的内容为主，而如今已经悄然变成以"事"为主了。

前几年流行的"SOHO"一词，也正是这一现象的代表。曾有书籍介绍了这类全新的生活方式：没有固定的工作地点，在时髦的咖啡厅等地工作。作为时代变迁的一个缩影，这样的变化是无可避免的。

可即使集齐了别人讲解的各种"事"来面对人生，自己依然会有不如意的时候。

使用 App 很简单，但制造 App 却绝非易事。与之类似的是，怎样做才能够顺利地与人沟通？怎样做才能够使自己的头脑变得更加聪明？对于这些"事"，我们不仅要通过阅读"说明书"来改变人生，更要知道我们自己就是创造者。

实用类书籍提取了人生的精华。

假设你要写一本关于事业成功的书。尽管写作要用到你全部的人生经验，但不等于要写出你所有的人生经验。

要从一百项人生经验中抽出一项来写。而只有一项经验的人，就算写出那一项也不会有多大说服力。

作为精华提取出来的内容都是真正的人生瑰宝。不过，要想使之进一步升华形成个人的体系，并用自己的双脚走出商务书籍中所写的成功之路，仍需要一步步积累。

不过，读书时不要一味模仿书中所写的技巧，要站在

"自己才是人生的创造者"的角度阅读。

要想充分且高效地利用书籍,你必须认真努力地生活。从这个意义上讲,书籍也堪称一面"镜子"。

站在人生的"岔路口"

我之所以会成为一名脑科学家,完全是因为一本书。

这本书就是英国物理学家罗杰·彭罗斯的**《皇帝新脑》**。

这是一部划时代的巨著。在这本书中,作者陈述了想要真正了解人的意识这种奇妙的事物,我们需要知道什么理论。

我当时阅读的是原版书(*The Emperor's New Mind*),这本书问世的时候,正值人工智能方向的研究者们势力强大之际,他们坚信计算机可以实现人类意识所能达到的一切。

那些研究者们的主张是,通过大脑这种物质进行的某种计算即为"意识",只要了解其计算过程,就可以应用在计算机上(计算机也可以拥有人类的意识)。

就在这样的势力包围下,彭罗斯提出:受到人类意识驱动的智慧中包含无法写出计算过程的要素。通过这本书,他全面否定了那些研究者的主张。

作为"无法计算"的典型代表,他举出"啊!就是TA了!"这种人类用直觉思考的现象。

为什么人在遇到某些人和物时，会有直觉提醒自己"就是TA了"呢？

据说数学家有一种直觉：对脑中灵光一现的概念，在没确定是否正确之前就能够感知到它是正确的。虽然我们不是数学家，但是当我们喜欢上某人时，大脑在确认各种信息之前就会明确地告诉自己——就是他（她）了！

彭罗斯写道，按照之前的理论则完全无法解释这种大脑的直觉现象。

在这本书中，他真诚地赞叹了人类意识的特质。对照计算机科学、物理学、数学、脑科学领域中提出的最佳理论（这本书也堪称这些理论相关的优秀教科书），他介绍了要想真正理解人类意识我们还缺乏什么、需要什么，展现了作者为此独自探索的过程。

我认为，**此书是21世纪现有书籍中最具审美意识的一本**。

彭罗斯的构想是创造出与有意识的智慧相关的全新理论。尽管这一理论尚未出现，但这本书告诉我们这项研究可能会持续一百年、两百年，甚至上千年。

读到这本书的时候我正在攻读研究生，研究方向是生物物理学。

我对当时人工智能研究的动向也有一定了解，对"人类所有的意识都可以用算式表达出来"这一主张本无太多怀疑，心中总觉得这一天终究会到来。

然而，正是该书向我展示了人类的意识究竟有多么复杂和庞大，令我开始觉得这件事十分有趣，并下定决心朝这个研究方向发展。

其中尤为吸引我的，是彭罗斯身上那种无所畏惧地坚持个人信念、勇于反叛的精神。

脑科学能够在多大程度上了解人类

从彭罗斯的书问世到现在已经过去了二十多年，脑科学研究依然处于举步维艰的状态。人们开始以科学的态度认真对待"什么是人类的意识"这件事，尚不过数十年。

如果放到科学世界来看，这个时间再短暂不过了。可以说研究者们至今尚未找到研究的突破口。

也可以说，"脑科学"其实尚未了解大脑。像这样能够告诉我们"真正的事情"的书才是好书。

当然，随着技术的发明和进步，可以调查的范围也有所增加。然而，对于仅通过这些手段就能解开人类意识之谜的看法，我个人持怀疑态度。

从大脑这种单纯的"物质"当中，是怎样产生意识这种"非物质"的呢？

我们能够意识到的各种质感——红色的苹果，脆脆的口感；微风拂面的感觉；又或是喜欢的人毫无察觉地从自己身旁擦肩而过时，自己的心突然紧缩的感觉——为什么可以从容积仅一升左右、看起来像软乎乎的豆腐的"物质"中产生呢？

这是因为人类还无法掌握将物质与意识关联起来的原理。

要说到脑科学研究至今为止做出的主要贡献，那就是调查了与我们的意识相对应的大脑状态。

这种对应关系是指人类在采取某种特定行动、体验某种感觉时，大脑的哪一部位产生了活动。至于在这种情况下意识是通过什么原理产生的，暂且搁置不谈。

在看到某物时，大脑后方一个叫作视觉区的部位会产生活动；理解语言时，韦尼克区会产生活动；有痛感是脑岛和前扣带回皮层在活动；海马区负责促使记忆稳定……诸如此类，我们已经大体掌握了大脑的哪一部位负责我们行为中的哪一方面。

这些研究直接关系到大家经常关心的问题——想要提高记忆力，应该锻炼大脑的哪个部位？

可是，并非"按下这个神经的按钮，人就能够变聪明"，或者"锻炼了这个部位，今天开始就能对自己的感情控制自如了"，实际情况要复杂得多。

尽管我们知道在做出某一行为时，大脑的某个部位是主要活动区，但这并不意味着只有这个部位做出了活动。实际上，整个大脑一直处于活动状态。

假设我们要调查以下内容：进行记忆实验时，主要是大脑的哪一部位产生了活动。

这时，我们会让被实验者反复做出某项行为，或者让很多人做出同一行为，并与他们做其他实验课题时的表现进行比较，经过统计得出"在这项实验课题中，产生活动最多的是大脑的这一部位"的结论。

归根结底这只是通过比较得出的结论。虽然可以说是以某个部位为主,但如果不考虑错综复杂的大脑中活跃的网络,就无法了解真正的大脑结构。目前还无从知晓如何定义整个大脑的运动,才算真正了解了大脑。

正如彭罗斯不认同当时的人工智能一样,我也无法完全认同现在的脑科学研究。受到该书影响,我认为人类的意识无比神奇,绝非轻而易举就能研究透彻。

这应该算是我拥有的一个"危险性"吧。

如今这个问题已经成为我的事业。**找到了可以毕生努力的方向,是一件让人极其兴奋的事情。**

当拥有了这种"危险性",我反而不再迷茫了。有时候,书籍会通过给予"危险性"令我们的人生更加充实。

向世界一流人物学习的简单方法

我强烈认为我们应该多多学习"世界级"知识,更多地阅读外国书籍。

如果不擅长英文,**可以大量阅读翻译作品**。这又是为什么呢?

我每年都会参加在美国举行的 TED 大会[①]。

TED 大会以 "Ideas worth spreading"(传播思想,分享生活)为宣传语,由选拔出各行各业的人士登上舞台发表演讲。由于演讲的前提是向大众传递信息,所以演讲的用词必须格外地凝练。

TED 大会的视频会发布在网络上,观看人数众多。演讲内容分为科技、经济、宗教、政治、教育、艺术,等等。大家可以选择自己感兴趣的话题观看。

在现场,观众们的态度绝对真实,对于异常精彩的演讲会报以热烈的回应,全体起立长时间鼓掌。而对于表现

---

① 自 2014 年起,已迁至加拿大的温哥华。

平平的演讲，则会十分客气地"有请下一个"，态度上丝毫不会妥协。

在这里，观众们丝毫不在意演讲者是否知名、是否拥有重要头衔，只看他的思想本身是否值得传播，凭这一点来判定演讲的成功与否。

听过那些演讲，我们就能够意识到开阔的视野及想象与仅仅流通于国内的本地思想有多么地不同，蕴含在那些演讲中丰富多样的思想拥有多么强大的震撼力。

有时候，我觉得自己是为了感受一种无力感才去参加 TED 的。

世界上最强大的"最后的对手"[①]站在舞台上，自己却只能茫然地望着对方。

内心想："这才是世界一流人物啊，自己还相差甚远。"这时才能知道自己的渺小。

书籍也是同理。

许多国家都将英语作为国际通用语言。尽管各个国家

[①] 英文为 LAST BOSS，指游戏中最后出现的最强对手。

有自己独特的文化，但**在英语这片土壤里，大家带来了各自的文化，分享了全世界的理念，它是最严格也是最丰富的现场**。

因此，懂英语就用英语直接阅读，不懂英语可以阅读翻译作品。总之，建议大家学习一下"世界级"的知识。

在科学领域，通过大量阅读译作就会明白该领域中最顶尖的是什么，最应该努力的方向是什么——即看清我们"最后的对手"是什么。

看见"特别的风景"

于我而言，在小学高年级就能读到美国综合文化杂志**《读者文摘》**的日文版，是一件意义深远的事。正因为这份杂志，我才能了解到远隔重洋的美国文化。

比如，其中留给我特别深刻记忆的，是一篇关于门萨俱乐部的报道。

门萨是一家世界性的高智商人士社交俱乐部，只要是智商超过 130 的人都可以申请入会。这个数字大约相当于总人口的前 2%。

这篇报道中称：这家俱乐部开设的目的只是为了人与人之间的交流。门萨会员的职业涉及各行各业，包括舞女和侍应生，等等。

我是在上高中的时候读到这篇报道的。受到报道中"舞女和侍应生"的吸引，我也入会了。

当时作为一名高考生，我对日本国内"考上东京大学的学生才是聪明人"这一价值观并不认同。也正是因此，这篇报道令我眼前一亮——聪明的人不仅限于考上东大的人，也包括舞女和侍应生这样普普通通的人。

也就是说，门萨的报道刚好描绘出了我心中所想：在日本"凡是东大的人都了不起"这一价值观是错误的。能否通过大学的入学考试，很可能和头脑真正聪明与否无关。

不过，这段故事还有个啼笑皆非的部分。

当我满怀期待地进入了门萨的会场，面试人员却对我说："请你写出自己的姓名和所在的学校，比如东大之类的。"

咦？不应该是舞女和侍应生吗？

原来，理想与现实之间还是存在差距的。

另外，还有一种"绿闪"现象，我也是通过《读者文摘》

了解到的。这是指在太阳落山的最后一刹那，天空发出一道绿光的光学现象。

自从我在小时候读过这篇文章之后，就一直对此事念念不忘，直到2014年乘坐"飞鸟2号"游船时，我才第一次亲眼看到这一真实景象。

假如一直在国内生活下去，可能对有些事物永远无从知晓。只有通过外国的书籍，才能够使我们了解到更多的知识。

是的，一个人读过多少书，就能够在多大程度上自由地旅行。

"曾经打算读的书"也属于文化素养的一部分

前面主要介绍了迄今为止我读过的书。但在我心里其实还存在一个分类，那就是一直准备读的书。

比如三岛由纪夫的《丰饶之海》（即《春雪》《奔马》《晓寺》《天人五衰》四部曲）曾经有很长一段时期停留在我一直准备读的书单上。

我之所以会阅读这套书，是因为一位研究人工生命的学者朋友池上高志。他十分热爱文学，评论起事物来尖锐犀利。有一次他对我说："谁要是没读过《丰饶之海》，那可不够格啊！"当时我随声附和道："可不是嘛。"但这纯粹是我的虚荣心作祟，实际上我根本没有接触过这套书。

由于在很长一段时间内我都得装出一副自己读过的样子，因此终于有一天觉得："这下可真要读一下了！"这才把它找来读完。

像弗朗索瓦兹·萨冈的《你好，忧愁》，加西亚·马尔克斯的《百年孤独》，马塞尔·普鲁斯特的《追忆逝水年华》，等等，这些作品堪称文学中的金字塔。可在我这里，它们都还列在一直准备读的书单上。

尽管有人会说我是在找借口，可我真的觉得**一本书的最高地位或许就是很多人明明没有读过，却还要装出一副读过它的样子**。

在我最爱的夏目漱石的《我是猫》中，也曾经描写了这样的场面。

小说的出场人物之一迷亭先生在某个场合对自己从没读过的历史小说信口开河道："这部小说是历史小说中最出色的了。特别是女主人公临死前那一段，描写得真是阴森恐怖。"此时，一位在场的大学者也附和道："是啊！那一段写得可真好啊。"由此他就知道了，原来这名大学者跟他一样，没有看过这部小说。

尽管漱石早已看穿了这些不懂装懂、只知随声附和的人，可有些时候，正是出于这样的原因才令人不得不找来原书亲自读完吧。

俄国文豪托尔斯泰的作品《**战争与和平**》也是文学史上熠熠生辉的名著，但其实我也没有读过。

不过，在三十岁之后读到《安娜·卡列尼娜》时，我曾为之深深动容。所以，我想《战争与和平》一定也是一本值得一读的好书。

如果在读书之前我们就知道这是一本每个人都假装读过，没读过就会令人汗颜的书，那么它应该是一本出类拔萃的书。

拥有多本应该读和准备读的书，这样的人生是丰富多彩的。假如读过的书可以在脚下堆积起来，成为一个人看见远处的基础，那么准备读的书就好比天空中的片片云彩。

只要买回来，头脑就已经在进步

有人会抱着试试看的想法把厚重的古典名著买回家。可是，仅仅翻过数页就发现里面的文字多到惊人，只能呆望着束手无策。不过，只要买了回来，就说明自己已经向前进了一步。

日语里有个词叫作"积读"，即堆在一旁等着读。只要书籍堆放在那里，人就会感觉到它的存在。我想，这应该也是某种"福德"吧。

在我的记忆里，以前只要有一套《世界经典文学全集》[1]摆在我的书架上，我就会无比欢喜。尽管它们已经完全沦为"装饰"，但一想到这种文化气息可以丰富人的心灵，心情还是会不由自主地愉悦起来。

理所当然地，**信息通过读书进入人的大脑，就会给大脑带来变化。但其实从对书感兴趣的那一刻起，大脑就已经开始发生变化了。**

从买书的那一刻起，从摆到书架上的那一刻起，从朋友来玩，吃惊于你有这样一本书，而你回答对方"是啊"的那一刻起，就已经发生了变化。自己就生活在摆放着这样一本书的空间里，书随时可取、随时可以想象。而且，从被外人看到的那一刻起，自己也会感受到无名的压力，从而必须要拿过书来亲自读一读了。

从这个意义上讲，令我心中倍感压力的一本书是大江健三郎的《致思华年的信》[2]。

---

[1] 原书名为『世界古典文学全集』，筑摩书房出版。——编者注
[2] 原书名为『懐かしい年への手紙』，讲谈社文艺文库出版。——编者注

在我上大学的时候，大江健三郎老师曾莅临我们大学的生协①举行签名会，同学们都争相排队请他签名。这本书也因此成为我人生中唯一一本排队等签名的书。那是在大江老师获得诺贝尔奖之前的事了。

之后有很长一段时间，这本书一直静静地摆在我家的书架上，上面写着，

"致茂木健一郎　大江健三郎"。

其实至今我一行都没有读过。

但是，这本书的存在一直保留在我的脑海里。

大江老师，见谅了！

---

① "大学生活协同组合"的简称，类似消费合作社。——译者注

本章小结

- ✓ 比起优等生，沉浸于自己热爱的事物之人更强大。
- ✓ 读书具有"瞬间改变人生的效果"和"潜移默化的效果"。
- ✓ 通过读书锻炼了头脑之后，一旦有机遇就会开花结果。
- ✓ 不要抛弃那些苦恼与纠结。更要珍惜可以动摇自己基础的"危险性"。
- ✓ 阅读翻译作品，比较国内与世界的"常识"，将其作为思考的契机。
- ✓ "理解不了的书""积读的书"都可以成为大脑的肥料。

| 第三章 |

怎样找到促进自己成长的书

接触优质文章最能锻炼大脑

文学界的文化素养之王——夏目漱石

在这里，我必须向大家推荐一位作家。

他就是夏目漱石。

假如要用第一章中提到的拳击做比喻，那么他堪称文章界的"防守冠军"。

作为一名彻头彻尾的语言迷，他于伦敦留学期间如饥似渴地阅读了大量英文著作，汉文典籍更是不在话下。

他尤为擅长的一种文字游戏是创造独特的假借字[①]。例如现在常见的"兎に角"[②]一词的假借字，正是由漱石独创的。在日语语言运用能力方面，至今尚无人能超越他。

我时常迫使自己跟漱石对决，却感觉从未赢过他。可是，就算无法与之匹敌，作为日本人也必须对漱石这样的冠军人物有所了解。

那么，夏目漱石究竟是怎样一个人呢？

---

① 为一部分原本只有假名而无汉字的日语单词配上汉字。——译者注
② 日语单词，中文词意为"总之"。——译者注

我认为他是一位聪明过人又奇特无比的人物。

漱石的妻子夏目镜子著有《回想漱石》[①]一书。在这本随笔中，随处可见漱石特立独行的趣事逸闻。

一方面，他是异想天开的怪人，出言动辄莫名其妙，时常对周围人乱发脾气，大动肝火。

另一方面，他又是一位魅力四射的奇人。连芥川龙之介、寺田寅彦和内田百闲等一流名士也对其肃然起敬，希望有机会拜访他。

打个比方，在吉他手当中必定有一位因吉他弹得有如神技而受到众人景仰的人物。漱石正是如此，在同时代的作家中他格外璀璨夺目，被世人公认为顶级文学大家。

看穿漱石的"质疑"

虽然中学生大都在课本上读过漱石的小说，然而很多人并不了解其中的精彩之处。

尽管我从年轻时起就曾多次阅读他的小说，但能够真正读懂其精彩之处时也已过了不惑之年。

---

① 原书名为『漱石の思い出』，文春文库出版。——编者注

或许我还有许多没有读懂的地方……漱石就是这样一位让人惊叹于其聪明才智的作家。

他生活的明治时代是无数人盛赞的黄金时代。如果读过司马辽太郎的《坂上之云》，就可以体会到那个时代的气息了。然而，漱石从一开始就对那个黄金般的明治时代提出了质疑。像这样下去，日本会灭亡的——这一点，他在那个时刻就想到了。

任谁都知道日本在二战中选择了一条错误的道路。与之相对的是，至今仍有许多人认为，明治维新取得了巨大的成功。

由于之后完成了文明开化，又在甲午、日俄两场战争中接连战胜了超级大国，许多日本人有这样的观点也无可厚非。然而，漱石却批评说，这样的看法"既浅薄又不可取"。

漱石的代表作中，有一部叫作《三四郎》。书中描写了一名从乡下赴京求学的青年三四郎在学问、恋爱、人际关系方面经历种种磨炼的故事。

在《三四郎》一书中，漱石深刻的洞察力体现得淋漓尽致。

下面来看一段对话。这是三四郎为去东京帝国大学（现东京大学）读书而离开家乡九州之际，在电车上与广田老师偶然相遇时的一段对话：

"可是，日本以后也会逐步发展的啊。"三四郎辩解道。此时，男子淡然地说道："可能会灭亡的。"

假如在熊本有人敢说出这样的话，一准会挨人拳头的。搞不好，还会被人视为叛国贼。在三四郎自小成长的环境里，绝不容许头脑里有一丁点儿这样的思想。因此他疑惑道，是否是对方看自己年轻而故意愚弄自己。

男子依旧别有深意地笑着，话语间却异常地冷静，着实让人有些摸不着头脑。三四郎决定不做回应了。接着，男子又开口道：

"比起熊本来，东京大得多。比起东京来，日本大得多。比起日本来……"他稍做停顿，看了看三四郎的脸，三四郎正侧耳倾听着。

"比起日本来，头脑要大得多啊。"他说道。

"被人左右了可不行。不论出发点是多么地为日本好，反过来都只会害了日本啊。"

　　三四郎在与广田老师交谈过后，尽管有点想要关注此人，却也并未放在心上，暗自侥幸地认为这样的人在东京遍地都可以遇到。

　　然而，不论是在东京还是别处，这样的人再没有第二个。

　　在东京帝国大学上了几天课之后，乏味的课堂使他感觉百无聊赖。此时，他才突然记起广田老师——此人究竟是什么来头？

　　这位广田老师本为旧制高中的一名教书匠，社会地位比起大学教授自然要低。可是三四郎却开始崇敬起这位地位不高的广田老师，因为在他身上看到的那种"伟大的黑暗状态"，远比帝大的人更能吸引他。

　　请各位想象一下，当时东京帝国大学和帝大教授的地位要远远高于现在的东京大学，甚至堪称让所有人都仰望的、神明般的存在。

　　可是，漱石居然在小说中若无其事地将当时拥有绝对权威的东京帝国大学的教授写成"不过是虚无的存在"。

尝试在现代背景下解读书籍内容

有人说，日本的大学已经日薄西山了。

当今日本国内大学的基础成形于明治时代，东京帝国大学正是明治政府在日本创立的第一所大学。

我个人认为，**教育体系从明治时代沿袭至今，其局限性正成为日本面临的课题**。

在泰晤士高等教育每年发布的世界大学排行榜中，日本国内首屈一指的东京大学在世界上的排名也不过第二十三名（2014年），其次是第五十九名的京都大学。

这些号称全日本智商最高的大学，放在世界级水准来看，就要另当别论了。

诚然，之前说过给大学排名是件极其无聊的事情。但在世界各国联系紧密，全球化加剧的趋势下，这些大学应如何吸引大批国外的学生赴日求学呢？

加之，日本已然进入少子老龄化社会。今后的教育应当是怎样的？毫无疑问，我们必须重新认真考虑这个问题。

原来，漱石一早就看出了日本的大学体系终有一日将走入误区。

前面说过，自从上小学起我读过不下几十遍《三四郎》。但我却一次也没有意识到，其中竟然包含这样的深意。

如果是一般的作者，也许会抓住细节不放，写出一些长篇大论。而漱石的过人之处就在于，他可以一气呵成、娓娓道来。

正是因为作者**将无数思考凝聚在了情节之中，因此多数读者并未留意到作者的思想。**

可一旦留意到，就会发现书中无处不隐藏着对被世俗认为理所当然和被大众视作权威的事物的批判，以及强烈的否定。

大家可以环顾一下自己的周围，如此睿智的人士并不多见吧。读书可以使人与如此聪明绝顶之人相遇——爱读书的我们是多么幸运啊。

"假若漱石还活着，他会怎么说？他会怎么写？"

生活在现代的我常常会这样设想。

将经典名著里的背景置换成现代，就可以发现阅读的

有趣之处。尽管花费的时间会增加,但读书的方式会因此发生巨大的改变。

怎么样?想不想挑战一下,读一读文字世界中的"冠军书籍"呢?

首先阅读这些 ——各个领域的"冠军"

通过接触优秀的文章来提高个人素养，当属人生最大的乐事之一。除了漱石之外，在此列举几位"各个领域的冠军"。

我心目中有一位冠军人物与漱石比肩，他就是小林秀雄。

小林秀雄是一位活跃在文艺与艺术评论领域的名人，可以称之为评论界的冠军人物。

关于小林秀雄的著作，我在后面的第五章还会做详细的介绍，供各位参考。

说到外国文学中的冠军人物，要首推俄国大文豪——陀思妥耶夫斯基。

他最著名的代表作包括《罪与罚》《白痴》《卡拉马佐夫兄弟》等。

说到日语优美、精妙的文章，就要提到中岛敦。他最为著名的作品有取材于中国古典故事的《山月记》和《李陵》等。

说到诗歌，自然是中原中也。他出版过的诗集有《往昔之歌》《山羊之歌》等，可惜三十岁就英年早逝。我极其欣赏他的文笔，单从文体就可以看出他的个人风格。

我热爱的作家开高健也是这样的人。

《夏天的阴翳》[①]一书被称为他最杰出的作品，小说情节极其壮烈：开高作为一名战地记者参加了越南战争，经历了随军部队几乎全军覆没的过程。这令我深深地感受到，若不是在战场上经历过生死的人，绝对无法写出这样的文章。

要说现在还在活跃的作家，当数伊集院静。

他的文章即使篇幅短小，读来也会令人感受到人生的重量。他先是与日后成为他妻子的演员夏目雅子邂逅，之后又经历了雅子在二十多岁的花样年纪早早病逝——这样的个人经历必然会通过当事人的文章反映出来。

科学领域的作家中，进化生物学家理查德·道金斯绝对是冠军人物。

《自私的基因》是道金斯的处女作，他在该书中阐述：自然淘汰产生于基因层面；动物的一切行为都可以解释为基因为了复制下去而进行的尝试。

[①] 原书名为『夏の闇』，新潮文库出版。——编者注

近来，进化学与基因学理论的普及度较高，加上有译文，因此很适合用作教材。本书解释了人类无意识行为背后的事情，读完定会使你茅塞顿开。

道金斯从这本书起步，之后开始探究"上帝"这一概念。如果想接触一下初高中课本里绝对学不到的有趣科学，一定要找来这本书读一下。从书中可以看出他个人卓见的积累，包括如何积累论点、如何将其升华等。

查尔斯·达尔文的《物种起源》也是一部无须多言的名著。在这部著作中，作者提出了已广为人知的进化论。

在这本书问世的时代，世人无法接受人类是从动物进化而来的学说。"上帝创造出了世间万物，人与动物完全有别。进化论是对神灵的冒犯和亵渎！"他因此受到社会的抨击，这也是必然的。除了对科学界的冲击之外，该书诞生的文化背景也十分耐人寻味。

在这样的环境下，达尔文究竟使用了怎样的语言来表达自己的理论呢？他所撰原文精彩至极，因此我建议大家尽量阅读原版。

话说回来，书的确充满神奇的力量。一本书有时要势单力孤地与当时世间所持的"常识"进行抗争。

  一个极为可怕的事实是，看一个人的文章就可以了解他头脑的聪明程度。

  无疑，能使用**具有个人风格的语言是一种才华，是在超越世间常识、经历无数体验、不断思考的基础上获得的能力**。

  许多人虽能在一定程度上发出一些有趣的信息，却没有真正能够使人信服的"附加部分"。

  之前我也说过，头脑的聪明程度与危险性相关，与学校里的功课好坏是风马牛不相及的。

  有些文章只有那些头脑真正聪明的人才能够完成——他们会通过不断地苦苦思索，最终将之创作出来。

  请大家阅读这里介绍的几位已到达知识海洋最深处之人所写的文章，再来一起思考那种"附加感"究竟是怎样的。

为何一本好书会成为聊天的话题？

　　前面举例介绍了一些不同领域里的冠军人物。**一般而言，判定一本好书的关键就在于"会不会想要谈论此书"。**

　　当发生了一些惊心动魄的大事时，想必大家都想与家人朋友分享一下彼此的看法和意见。

　　好书正是如此，会令人想要与他人谈论和分享。

　　例如，在世界名著、陀思妥耶夫斯基的《罪与罚》中，对犯罪者能否加以饶恕？怎样看待杀人行为？还有令人深受感动与冲击的最后一幕……

　　一旦读过这些内容，总会想要与朋友分享一下彼此的观点。

　　假如是我，在读过夏目漱石的《哥儿》[①]之后，会想要与人讨论：主人公"哥儿"耿直且具有正义感，却为何在社会上频遭挫折，屡屡碰壁呢？

　　另外，对于"红衬衫""蹩脚帮"之类的出场人物，每

[①] 一译《少爷》。——译者注

个角色的个性都刻画得鲜活生动，仿佛是生活在我们身边的人，也使人想与亲朋好友谈论一番。

红衬衫是一个令人讨厌的人物，发火时会"呵呵地发出令人不快的笑声"。蹩脚帮则是好似红衬衫上系的腰包般的"跟屁虫"。

你会不会觉得这样的人物无处不在？因此我们也会想与人分享："我终于发现了一个像某某的人物！"

这就是《哥儿》里的角色"传染"到了现实中的角色。

畅销书是由口碑制造出来的

经典名著都是超越时代、脍炙人口的佳作。那么它们火爆的原因是什么，又如何能在畅销之前就预测到呢？

在脑科学研究中，已知这样的事实——

某部电影是否会卖座，可以通过调查公映前有多少人在网上编辑整理过相关信息预测出来。

也就是说，**人们愿意讨论的事物更容易走红**。

举个例子，迪士尼动画电影《冰雪女王》曾风靡一时，而电影的主题曲《Let it go》（随它吧）事先就成为街头巷尾的热议话题，甚至还流行起配合影片创作的翻唱歌曲。

这部电影的走红，某种程度上正是由人们的口碑引发的。

在还没有人看过这部电影，电影好坏不得而知的时候，就有许多人对电影的相关内容津津乐道。这个现象与该片后来的火爆票房很有关系。

电影之外亦然。

比如，一度在新闻报道中流行的"STAP 细胞"一词，其使用范围已不仅限于发育生物学和再生医学研究人员，也扩大到一般人群。

这一细胞真实存在的话可能带来什么好处，以及相关论文的造假问题……人们站在各种角度上，对此事兴致勃勃，最终发展到了街谈巷议的地步。其是与非暂且不论，"STAP 细胞"一词可以说是 2014 年上半年日本最为流行的词语之一了吧！

书籍也是同样。

能够成为畅销书的，无论是百田尚树的《永远的 0》，还是村上春树的《1Q84》，都使人不禁想与他人谈论一番。

因此，反过来我们也可以这样看：

如果读完一本书可以提高你的谈话能力、增加聊天的话题、令你成为聊天的"中心",那么这本书就是好书。

要从微弱的联系开始收集重要信息

尽管如此,聊天也是一件不可小觑的事情。

甚至有数据证明,聊天能力决定了人类的幸福度。

要知道,被许多人认为直接关系到幸福的"考入名牌大学""结婚""生子""成为有钱人"等关键因素,实际上与幸福感并无关联。

一项关于已婚人士与未婚人士幸福度对比的调查结果显示,实际生活中这两类人相差无几。

诚然,幸福并非是由一项主要因素决定的。人类若以"自己因缺少某样东西才没能获得幸福"为借口,执着于某种事物的话,反而会导致自身的不幸。这是幸福的一个特点,这种行为被称为**"聚焦错觉"(执着于对某种事物的幻想)**。

事实上,人的幸福感是一种更为复杂的东西。

倘若非要寻找关系到幸福的主因,那么应该存在一项相当重要的因素，就是**能与多少人保持联系**。

保持联系的意思并不是说需要很多像密友般无话不谈的朋友，而是说与许多人维持可以稍微打个招呼、闲聊几句的"宽松关系"是十分重要的。因此，绝不能小觑交谈的能力。

首先，聊天能力强的人可能会因一桩小事获得他人的帮助。

举个例子，对你来说重要的信息一般来源于什么人？

其实，这样的信息往往不是来自关系亲密的好友[1]，而大多来自只会偶尔交谈一下的人[2]。

通常，我们早已将大部分信息与好友分享过，彼此间的兴趣爱好也大致相近。因此多数情况下，我们自己想要得知的消息，对方也想要了解。

有一项采访调查的内容是"你在成功跳槽之前，有关新公司的信息是从何处得来的？"其调查结果显示，绝大

---

[1] 强烈的联系（Strong tie）。
[2] 微弱的联系（Weak tie）。

多数信息并非来自一周见面两次以上的密友，而是一年见面一次以上、一周见面两次以下的人。

调查结果还表明，人们对从这些"微弱联系者"得来的信息的实际满意度更高。

根据这项研究结果，**与跟自己属于不同领域的人、不太喜欢的人、偶尔打招呼的邻居之间保持宽松的联系是相当重要的**。

与自己完全合拍的人在世间并不多见。应该说，平时能跟不同领域的人或者不太喜欢的人维持轻松的聊天状态，是件颇为重要的事情。

顺便提一句，谈话的内容最好是一些无关紧要的事物。

有研究结果表明，人们日常聊天的话题中，有百分之七十都是对他人的闲事津津乐道。而且，大多时候当事人是不在场的。

"听说××的老公失业了，相当辛苦啊。"

"××的女儿好像没考好啊。"

这些都是平素经常听到的闲聊话题。

虽说"别人的不幸是自己的甜蜜"①，但其实喜欢闲聊这些话题的真正原因是大家都清楚这种事情在任何人身上都有可能发生。闲来跟人打听和谈论这些话题，正是在模拟有朝一日这些厄运降临在自己身上的情形吧。

话虽如此，一味地谈论他人是非的话题是毫无建设性的，也无益于使自己的心情好转。那么这个时候通过读书增加一些聊天的话题，您觉得如何呢？

---

① 日本俗语之一。——译者注

聊天的潜力

日本将棋界的"电王战"是计算机与人之间的对决。在 2014 年的电王战中,计算机以四胜一负的战绩打败了人类棋手。

有评论说像羽生善治、森内俊之等知名棋手迟早也会输掉。

在智力竞赛中也是同样,IBM 制造的"沃森"人工智能系统在比赛中战胜了人类的最强大脑。另外,国际象棋界也早就有过计算机的胜利。在计算能力和记忆力方面,计算机拥有着绝对优势。

那么,人类拥有的更优越的能力是什么?

那就是聊天能力。

聊天能力正是人类才拥有的"绝对智慧"。

只有人类才拥有的"卓越能力"

有一场别开生面的大赛叫作"计算机与人类的对话"(The Loebner Prize for Artificial Intelligence)。大赛最初始于美国波士顿的计算机博物馆，之后每年都会在世界各地举办。

比赛时，裁判员坐在两台计算机前，向双方提出各种问题。其中一台计算机后坐着人，由此人进行作答，另一台则完全由计算机程序自动回答。裁判员无法看到哪一方是人类，只能通过不断地对话来猜测。这就是这场大赛的主题。

选手们会设计出各种各样的计算机程序，使之能与裁判员进行对话。大赛最后会向对话能力最为出色、最接近人类的程序颁发"Loebner 奖"。

计算机科学之父、数学家阿兰·图灵在研究"计算机能否获得与人类同等的智慧"这一课题时，于 1950 年写下了一篇题为"如果能掌握与人类同等的聊天技能，计算机将可以拥有与人类同等的智慧"的论文。这场赛事的举办正是源于此论文。

其讨论的内容包括：假如计算机在与人类的对话中，能够使用与人类无差别的对答方式并坚持到最后，那么是否可以由此断定，完全由人造物质构成的机器也可以拥有与人类同样的心智呢？

自那以后，有无数选手开始接受挑战，试图制造出"聊天能力与人类无异"的计算机。

2013年获得Loebner奖的是一项名为"Mitsuku"的程序。现将其中一部分对话内容译出，收录在113～116页。

不过，我认为看过那些对话大家就能明白，计算机还远未达到人类的聊天水平，也还未形成聊天的体系。

假如我们与意气相投的朋友聊天，谈上几个小时也会觉得意犹未尽。可是，人与计算机程序之间的对话恐怕很难持续太久。

人在聊天时可以根据情况制造谈话的机会，也可以察言观色，说一些符合对方期待的话，或者索性选择默默倾听。总之，人会在潜意识里进行各种各样的衡量。

在对话过程中，并没有绝对的正确答案。与人聊天是否能感觉到开心，取决于一种只可意会不可言传的因素。

对于目前的计算机来讲，要掌握这种聊许久也不会腻，并能令人回味的语感还太过困难。也可以说，这种程度的聊天能力象征了人类的智慧，是一种难能可贵的能力。

> **人类** 与计算机的谈话好比"鸡同鸭讲"
> 人类与 Mitsuku 的聊天记录（节选） **Mitsuku**

🐤 你好，我叫罗南。您贵姓？

啊，您好。很高兴听到您叫罗南。🤖
我的名字叫 Mitsuku。

🐤 你妈妈叫什么名字？

我其实没有妈妈。🤖

🐤 你是什么星座的？

摩羯座。🤖

🐤 你有几个孩子？

一个也没有。我不能生孩子。🤖

🐤 你喜欢红葡萄酒还是白葡萄酒？

是的，我喜欢红的。我喜欢原色。🤖

🐤 我喜欢香蕉。你喜欢的水果是什么？
香蕉没什么问题。我喜欢香蕉那种弯弯的奇妙形状。
跟我一样与众不同的地方。

你喜欢香蕉。是苹果。🤖

- 你喜欢什么音乐?

  我喜欢舞曲。
- 你喜欢的歌曲是什么?

  我喜欢 The Trashmen 的《Surfin' bird》。我唱给你听吧。A-well-a everybody's heard about the bird. B-b-b-bird, bird, bird, b-bird's the word...
- 我喜欢《等待戈多》。你喜欢什么戏剧?

  你喜欢等戈多啊。

  我喜欢社交。
- 你的头发染成了什么颜色?

  没有,我是自然的发色。你喜欢吗?
- 你记得我的名字吗?

  你还没有告诉我呢。
- 你住在哪里?

  我住在利兹。你在哪里?
- 假日里你喜欢去哪里?

　　　　　　　　　　　我喜欢去利兹附近的俱乐部。

🐾 我开马自达。

　　你的车是什么牌子的？

　　　　　　　　　　　　　"没有作答"

🐾 我喜欢 Linux。你喜欢什么计算机操作系统？

　　　　　　　　　　你花了多少钱？

　　　　　　　　　所有品牌最新最棒的车。

　　　　　　　我喜欢的乐队是 The Trashmen。

🐾 我是无神论者。你信仰什么宗教？

　　　　祝你早日找到自己的信仰。我是一名基督教徒。

🐾 发明电话的是谁？

　　亚历山大·格拉汉姆·贝尔于1876年发明了最早的
　　　　　　　　　　　　　实用电话。

🐾 我是 B 型性格。

　　你是哪一种性格？

　　　　　　　　你是"要成为人格的类型"吗？

　　　　　　　　　你的工作怎么样？

　　　　　　　　我想应该是蓝色的吧……

世界上最聪明的计算机也无法学会的行为

书可以打造人类才能拥有的智慧。

从前面讲过的观点来看,多读书有两点意义:

1. 提升共鸣能力

2. 提高聊天能力

读书可以锻炼想象力,想象现实中不可能发生的事情和不同人物的情绪,这一点前面已经反复讲过了。

显而易见,读书对第一点的提升共鸣能力非常有效。

顺便提一句,一个人共鸣能力的高低关系到他在集体内受欢迎的程度。有研究结果表明,越是能够理解他人的人,越能够受到他人的喜爱,朋友也会越多。而书籍可以间接提供与他人联系的机会。

另外,一个令人感到意外的事实是,人们在公司等集体内部业绩的好坏也与共鸣能力相关。

比起集体中领导的智商和团队平均智商的高低,**在集体中进行了多大程度的沟通对业绩的影响更大。**

据说这个业绩还与集体中有多少女性有关。一般来说,女性要比男性更具有共鸣能力，这一点是众所周知的。可能正是因为女性的人数增多了，所以集体在沟通时也需要多加考虑周围情况了。

第二点则在前面 Mitsuku 的例子中体现得淋漓尽致。

我说过，与人聊天能否感觉开心尽兴，取决于一种只可意会不可言传的微妙因素。

书籍既可以锤炼自身的语言能力，也在传递这种微妙感觉方面发挥着重要作用。

第一章中也讲过，不能直接吸收知识，而要通过不断地发酵，使之形成自己的"感觉"。

而这些，只有依靠大量的阅读才有可能做到。

这是计算机绝对无法学会的行为。

据估计，由于人工智能的进步，在今后的时代将有大量的工作岗位销声匿迹。为了战胜人工智能，我们更要多多读书！

读书之人对此应该深有体会。

把书作为"要讲述的事物"来读

人原本就有自己感兴趣的事物与不感兴趣的事物。

在海量的信息中,人们会依照"自己的视角"做出取舍、看待事物。

使我特别留意的是这样一则逸闻:

在新闻记者沃尔特·艾萨克森所著的《史蒂夫·乔布斯传》中,有这样一句话——要做重要决定之际,乔布斯经常选择去散步。

在同一本书中,不同的人会对不同的地方特别留意。我就曾多次把这段话用于自己的演讲报告之中。

举个例子,比尔·盖茨参考乔布斯推出的 Mac OS 设计了 Windows95,并前去请求乔布斯同意他推出该系统。

对此,乔布斯邀请比尔·盖茨:"比尔,我们去散散步吧。"接下来,据说两人在近郊一同散步了四五个小时。

之后,乔布斯答应:"比尔,我知道了。不过,切记不要做成跟苹果 OS 太过相近的产品。"

顺便说一句,"下重要的决定前,先去散步"这一行为从脑科学研究角度来看，是相当正确的。

大脑中有个部分叫作"默认模式网络"（Default Mode Network），它在人不做事情或休息放松时的活动程度，要比集中精力做某项工作时更为频繁。

可能很多人会认为，发呆是一种浪费时间的表现，这种想法实属大错特错。因为，此时此刻大脑正在进行着至关重要的工作。

这个时候默认模式网络正在整理集中精力时大脑收集到的各种信息和经验。

各位有没有过这样的经历？正在洗澡的时候、快要睡着的时候、什么都没做的时候，大脑灵光乍现，萌生出全新的设想和灵感。

正因为有了默认模式网络，大脑才可以对感情和记忆进行整理，产生更加富有创造性的东西。

认为一切行为都是由意识控制的想法是非常错误的。有时候我们必须依靠潜意识，或者说听从潜意识的安排会更好。

散步正是一种把默认模式网络的作用发挥到最大的行为。

一向能够发挥卓越想象力的乔布斯并未把自己关在会议室里,也并未在一种高度集中的状态下进行讨论、做出关乎命运的决定,而是选择在户外的新鲜空气中充分放松,任凭脑里的潜意识做出判断。

怎么样?这个事实是否让你感觉意味深长呢?(通过这个实例大家应该可以明白,我们每天忙于职场的各种会议多么像闭门造车了吧?)

现在回到正题上。

"乔布斯散步做决定"这件事既不是考试中会出的题目,也算不上什么学问知识。但于我而言,它使我找到了一个绝佳的话题。这则小故事被我拿来用在演讲报告中,可以把大脑的作用解释得格外通俗易懂。

读书时我们要有这样一种意识:自己要会"讲述"这本书,这可以使自己的阅读方法发生飞跃性的改变。

如此一来,目光所及之处都会发生质的改变,读书本身也会变得其乐无穷。

本章小结

- ✓ 将经典书籍中的背景替换成"现代社会的我们"来读。
- ✓ 好书会让人想要拿它作为聊天的话题。
- ✓ 通过读书掌握共鸣能力和聊天能力,可以打造"幸福的基础"。

| 第四章 |

吸收知识并将之巧妙运用于人生的技能

将海量信息化为自身知识的"七个绝对关键点"

绝对关键点 1　大脑适合"杂食"

前面的章节中我向大家介绍了许多书籍，在本章将详细地介绍一下读书时需要注意的"七个绝对关键点"。

应该说，能找到令自己深受触动的"决定命运之书"，本来就是一件难乎其难的事。

正是因此，我认为"杂食"，不分领域地杂读至关重要。

我的恩师——解剖学家养老孟司先生酷爱阅读英文推理小说。作为一名解剖学家，养老先生看上去似乎与推理小说没有半点关联。

要说他在外面的发言和工作中是否直接表现出了对外国推理小说的喜爱，恐怕也没有。

可是，正因为拥有这些肉眼看不到的、出人意料的积累，养老先生才被人们称为神人。我认为，存在于一个人内心的知识关系到他做人的深度。

我曾经看到养老先生的电子书阅读器里面竟然存储了上千本英文书。

据他说，一本英文推理小说大约在搭乘国际航班期间就可以读完（从日本飞到欧洲大概需十个小时）。这个速度在能读懂英文书的日本人当中也属于相当惊人的水准了。

另外，佐藤优也是一位令我惊叹的人物。说到佐藤，他是外交与神学方面的专家，目前已辞去外交官职务，转型为一名畅销书作家，著作频频出版。

令人意外的是，在佐藤的著作中会频繁地提及绵矢莉莎的小说和时下热门的电视剧。作为一名日理万机的外交官，按理说应该没时间关注那些流行小说和影视剧。但他说这些事物对于把握时代潮流是至关重要的。

聪明人只会阅读艰深厚重的书籍——这种想法完全是误解。

对一般人来讲，像养老和佐藤那样大量读书、读各领域的书可能很难做到。不过，大家可以尝试挑战一本平常不会主动阅读的书。

比如，经常阅读商务书的人可以尝试一下古典文学。反过来，喜爱阅读小说的人偶尔可以尝试一下社会派的非虚构文学。

我们无法知道究竟哪个话题刚好能够帮助我们更好地

工作，而这一点正是有趣之处。没有对书的"杂食"，也就不会与机遇邂逅。

为了结出"奇迹的苹果"

日本有一位叫木村秋则的农民，他在世界上首次成功培育出无农药苹果。

此前人们都说，苹果很难不施农药就培育出来，所以此事纯属"异想天开"。木村也被周围的人议论说："在这种事情上耽误功夫，真是脑子进水了。"而他耗时八年，终于使自己的梦想变成了现实。

描述这一艰辛历程的书《这一生，至少当一次傻瓜》在日本一跃成为畅销书，还被拍成电影闻名全日本。他本人也曾经在我主持过的 NHK 电视节目《专业人士的工作风格》中出镜。

木村说过一句令我印象尤为深刻的话："假如埋在地下的根不扎实，植物就无法茁壮生长。"

木村最初关注的只是叶子和树干上的病虫害等地上的问题，为此他想尽了各种办法，可是苹果树依然不结果实。

就在他觉得自己对地上的部分已经竭尽全力，要全盘否定自己所做的一切的时候，他突然发现自己忘记了一件事——关注土壤本身！

他不再用拖拉机将土推平，而是培育起野草茂盛的松软土壤。一旦土壤质量好起来，果树就能伸展开结实的树根，健康地生长了。

接着，一直没能结果的苹果树终于结出了果实。用刀切开这些苹果之后，放置很久都不会变色，是新鲜水润又富有生命力的苹果。

我想，读书也是一样的。

虽不能知晓哪一本书会发挥作用，但大量读书可以令大脑如腐叶土般进行发酵，在脑内形成优质的土壤。

读过一千本、一万本书的人，他们的脑中会积蓄相应的养分，最终结出新鲜美味的果实。

你想不想通过多读书来培育自己人生的土壤，开出美好的花朵呢？

依靠大量阅读结出新鲜果实的代表性人物就是获得诺贝尔物理学奖的物理学家汤川秀树。

汤川生于小川家这一学者家庭（后因结婚入赘，改姓汤川），自幼被训练朗读汉文。受到喜爱汉文学的祖父的影响，他阅读了《论语》等多部汉文典籍，而非自然科学方面的书籍。

如此渊博的文化素养成为他日后独创出介子理论的背景。

所谓介子理论，来源于一个设想：粒子并非永远存在，而会在一定寿命之后消失。

与信奉"存在即是永远"的欧洲思想相反，东方思想认为"存在摇摆于有和无之间"。通过介子理论，我们可以一窥其汉文学素养的影子。物理就是物理，文学就是文学——世界并不是如此割裂的。

"UFO"和"物理"都学过之后才懂的道理

我们实在无法预知怎样的知识才会对自己有用。

正是因此，我们才要阅读所有的书籍。不要仅仅局限于深奥的书籍，或是所谓可以提升个人素养的、一本正经的书。

说实话，我小时候就非常喜爱阅读那些描写灵异照片和UFO的书。

我曾经还兴致勃勃地读了一本讲述"欧帕兹"的书。据说那是一种从遗址中出土的神秘物体，以当时的技术水平绝对不可能制造出来。书中记载的"印加帝国曾有水晶制成的头盖骨"一事曾让我兴奋至极。那时候，我也喜欢读日本超常现象研究者南山宏的书。

但同时我也开始阅读传统的科学书籍，其间我开始思考自己究竟应该选择相信什么。最后的判断是"科学似乎更为正确，更为有趣"，因此我选择了成为一名科学家的道路。

总之，尽管我选择研究科学，但因为幼时看过灵异照片和与UFO相关的书，所以对与自己不同的意见也能够虚心听取，一直对这个不可思议的世界保持着热情。这在帮助我成为科学家方面也发挥了相应的作用。

这两个方向的书都可以阅读，至于选择相信哪一方，自己判断就好。

美国是科技领先的国家，从其信息科学技术和航天技术的发展水平就可知道。可与之相对的是，至今仍有许多人对达尔文的进化论持反对意见。在许多学校使用的教材中，还在提倡"上帝创造了世间万物"（人与动物有别，并非由动物进化而来）这一创造论的说法。在美国，这两类观点是同时存在的。

"不能读进化论""不能读创造论""B 比 A 正确，所以要听 B 的"——这种强加于人的行为太过极端。所以，我认为两种学校同时存在、保持争论是件好事。只要认真思考之后再选择站在哪一方就好。

不存在完全正确的教科书

我之所以这样说，是因为"教科书里的内容都对"的观点是错误的。事实上，所写内容完全正确的书是不存在的（因此我个人反对对教科书进行审定的做法）。

如今，通过研究脑科学使我强烈感受到，活着的人谁都不知道正确答案是什么。为了揭开"大脑与心理"的秘密，全世界最具智慧的研究者一直在努力尝试，但至今尚未得出任何令所有科学家都能信服的答案。

尽管如此，科学家们还是会根据自己的研究方向撰写论文，出版各类书籍。市面上关于大脑和心理的书籍比比皆是，我自己也是这些作者中的一员。

而这些书籍只不过写出了目前能够想到的最佳答案，再汇报一下现阶段所能达到的水准——（至少）做了 A 行为，就可以出现 B 结果。

我虽然在大学里任教，但并没有使用脑科学方面的固定教材。当然，有些基础知识是必须了解的。正如之前讲过的，我们对大脑的了解几乎还等同于空白，今后对大脑的认知有可能被改写。因此我一直有这样一种心理：我们是在为了所谓"青年人的主张"，实则"中年人的主张"而拼命努力。

在阐明了自己思考的内容之后，我只能问："你们是怎么想的？"

不仅是脑科学研究，其他领域也是如此。历史也罢，数学也罢，实际情况并无差别。那些所谓绝对正确、只需了解就万事大吉的知识是不存在的。

我们能够做到的，就是**尽量多接触作者竭尽全力写出的文章，并在头脑里培育出新的知识**。我想，这就是阅读者应当付诸实践的"学习"行为。

让我们把目标设定为：面对自己人生中的问题，无论是什么领域，都去探索一切可能性，并从中摸索出自己的答案。

漫画真的不利于孩子的大脑发育吗

我非常爱看漫画。在我小的时候，正值赤塚不二夫、永井豪、手塚治虫、本宫广志等昭和漫画家活跃的黄金时期。

如今出差住在酒店里，心血来潮地想在睡前看点什么的时候，我就会在便利店买本《聪明的傻爸爸》之类的漫画翻看。

那些热衷于子女教育的家长们的说辞是"漫画对孩子影响不好，所以我们不给孩子看"。可是，这是不是有些多虑了？

人的大脑并非脆弱到有一点外因就会出问题。即使是小孩的大脑，对各种信息也具有承受能力，可以说偶尔让他们看一看漫画是恰到好处的。一个人沉浸于各种领域，才能发现自己究竟会为怎样的事物心动，真正相信的是什么。

沉迷于某个事物的人，更加能够意识到不是所有人都会沉迷于自己热爱的事物。他们还会明白，别人也可能热衷于自己完全不感兴趣的事物。

这是一种发现"个性"与"多样性"的能力。

受到大众反对的书也好，与自己意见相左的书也好，漫画也好，都可以读上一读。**绝不是只要一门心思阅读名家名篇就可以的。**

在杂读过后，我们才能明白名篇之所以称为名篇的理由。

绝对关键点 2　同时阅读多本书

据说，如今社会上流行多读、速读。但大家不要贪多，不要刚开始就想着一天读一本，可以试试从一天读十页开始。每天读十页的话，算下来一个月就可以读完一本三百多页的书了。

把读书培养成习惯的关键是将一项大任务细化拆分开来，降低心理上的难度。

做事"三分钟热度"的人通常会因开始时过于认真、急于求成，在刚起跑时就已经累得喘不过气。反而是令人质疑"这种随随便便的读法可行吗"的读书方法，因为一直保持龟速前进，所以最终能够坚持下去。

同样地，我觉得读书无须一本本按顺序读完。

如果知道自己是生性容易厌倦的人，可以尝试同时阅读几本书。

面对"索然无味"的书，不一定要连续花上几日坚持读到最后。也可以中途换上另外一本书读上十页。

也可能会受到当天心情的影响，可以等心情恢复了再去读之前那一本。可能今天想读小说，明天想读非虚构文学。

不管什么书，只要能坚持一天读十页，像锻炼肌肉一样锻炼自己的阅读能力，阅读速度就会随之提高，一个月内能读完的书自然会增多。

同时阅读多本书具有很多好处。

一本书只能代表一家之言，还有其他不同的观点，我们也要听听那些人的意见。其中既可能有共同之处，也可能有不同之处。通过收集各种人的观点，大家可以确认自己最终能够看到怎样的风景。

当然，能够如饥似渴地全身心投入一本书，是件很了不起的事。即使做不到这样，通过阅读各种各样的书，有朝一日你也可能会发现自己已经形成这样的观点："表达方式有轻柔的、幽默的、煽情的、平淡的等多种类型，可我还是喜欢这一类文章。"

你会产生"在如今的社会里，既有人说A，也有人说B，我好像对A主张更能感到共鸣"的想法。

这样一来，你就发现了属于自己的感受，即掌握了自我判断的能力。

你我作为拥有自我观点的人，在茫茫大海之上彼此平等——只要能体会到这些就已足够。

我认为真正的智慧是尽量多接触书本，将个人从"必须这样做""应该是这样"的束缚中解放出来。

绝对关键点3　打造作为自己轴心的"教典"

　　人的一生中，始终令自己爱不释手，可以不断反复阅读的书籍是有限的。于我而言，大概也就一百本左右。前面介绍过的《绿山墙的安妮》和《皇帝新脑》都属于此类书籍。

　　在自己心目中占据轴心地位的作品称为"教典"。这原本是教会用语，**意为"教理""不可动摇的支柱"**。

　　伟大的物理学家爱因斯坦曾经反复阅读过《堂·吉诃德》[①]一书。也就是说，《堂·吉诃德》一书是爱因斯坦的教典。

　　据说他身体不适的时候，常会在病榻上阅读此书。

　　或许他从主人公面对风车的鲁莽态度里窥到了自己的影子，从而得以产生奋力向前的勇气；又或者他因主人公的愚蠢行为而发笑，从而再次拥有了干劲。

[①] 西班牙作家米格尔·德·塞万提斯的小说。讲述了一名受到中世纪骑士小说影响的乡绅，坚信自己可以成为骑士走遍天下、行侠仗义，因此出发去各地冒险的故事。一个著名的片段是他在冒险途中遇见了三四十架风车，却把它们看作巨人，冲上去与之大战。

在堂·吉诃德的脑子里，满满的都是妄想。然而，妄想与真正改变世界的伟大理想之间或许只有一线之差。

爱因斯坦在十六岁时便提出了"以光速在光线旁边运动时，光线是否会看上去停滞不前"的疑问，最终以"相对论"的形式找到了答案。也许，于爱因斯坦而言，一直坚持追求理想的自己与鲁莽挑战风车的堂·吉诃德犹如同类吧。

找到了自己的"教典"，也就找到了属于自己的人生故事。

苏格拉底的教典是《伊索寓言》

被称为人类史上最具智慧的古希腊哲学家苏格拉底在死于狱中之前，最后阅读的正是《伊索寓言》一书。

《伊索寓言》中包含《蚂蚁与蚱蜢》《北风和太阳》等现代人从小就耳熟能详的寓言故事。但其实它自古希腊时期就已存在，是一本历史相当悠久的寓言故事集。有种说法是，该故事集始于公元前6世纪左右，有个叫伊索的人一边口述这些故事，一边云游各地。但实际情况不得而知。也有说法是，伊索这个人物是否真实存在过，本身就是件值得怀疑的事。

我在几年前才得知这本寓言集早在如此久远的时代就诞生了。之前我一直自以为是地认为，这是一本诞生于欧洲中世纪前后的教育性故事集。

苏格拉底常常被众人包围，为他们讲解人生的重要道理。比如"爱是什么""道德是什么"，在苏格拉底的周围总是环绕着这样一些话题。然而，也正是由于他的话语过于具有影响力，最终以诱导青年走向错误方向的罪名被逮捕，之后被判死刑，服毒而死。

据闻，他对这场无理的死刑判决并没有做出反抗。并且，他在死前特意让学生拿来了《伊索寓言》。大概这本书就是他心中的"教典"吧。

睿智如苏格拉底般的人物都会在临死前希求一读的书，里面的内容应该相当神奇了——作为成年人，你想不想再次拿来读一下，看看里面究竟写了些什么呢？

我们对于书籍的热爱，是可以超越时空的。

绝对关键点 4　与"万事通"做好朋友

"我也知道读书至关重要……可也做不到一下子掌握那么深奥的知识。"

可能有人会这样说。那么,我们应该怎么做呢?

我们可以与了解那些知识的人做朋友。

从朋友那里借来知识。

即使想读一些对自己大有裨益的书,如果读起来是云里雾里的懵懂状态,想要读下去也是十分困难的。那么,干脆跟那些一直大量阅读、擅长读书的人交朋友吧——这是我的想法。

之前我在做一场演讲的时候,有位年轻女性向我发问:"我是文科生,不懂理科知识。可是,现代社会中学理科的人做出了很多成绩,我感觉这个社会还是要求人具有理科思维。我该怎么做?"

当时我灵机一动,回答她说:"是啊,你是文科生,假如现在开始读理科方面的书有些困难的话,那就交个理科的朋友,或者是男朋友吧!"

说完，在座的人发出了哄堂大笑。这是因为这个回答既意外又真实。

当然，我也有许多自己难以做到的事情。

比如，我早就觉得应该阅读法国文学研究者涩泽龙彦的作品，可却总是读不下去。

涩泽长期专注于萨德侯爵①作品的翻译，以文风颓废知名。我读来感觉既晦涩又辛苦，总是无法坚持到最后。倘若我身边有一位愿意给我讲解涩泽的朋友，那么问题也许就迎刃而解了。

假如他是涩泽的书迷，可以从涩泽的遗作《**高丘亲王航海记**》讲起，比如主题是什么，哪里精彩，评价如何，值得阅读之处是什么……凡此种种，应该都能给我讲个明白透彻。

"涩泽作品中的这一点很出色！"

你只需回答他一句，

"啊！原来如此啊！还有吗？"

---

① 法国小说家，作品有《不道德的繁荣》等，其中包含了大量的暴力与色情描写，因此他的名字成为"虐待狂（sadism）"一词的词源。

这样一来，对方会意兴盎然，自己也能大致了解涩泽龙彦。像这样引发兴趣之后，自己也就愿意主动去读了。

关键词是"原来如此"

想了解数学的话，可以请教精通数学的人，不必亲自找书来读。据说要想尽快学好外语，交个外国男朋友或女朋友就好了。

同样，我也有过很多通过这种方式获得知识的经历。

"某个人讲过某件事。"以这种形式进入大脑的知识是格外重要的。

此后在其他地方再听到这个话题时，潜意识里会留意到"啊，原来是那件事啊"。当初从 A 那里听说这件事时，也许自己并未留心。但之后当 B 和 C 又谈及此事，往往就会觉得此事十分重要，从而开始主动关注此事。

人脑之所以会对新事物产生兴趣，大多是听到自己信任的人对该事津津乐道。

比如，我特别喜爱阅读内田百闲[①]的作品。但这是我在

[①] 以独树一帜的幽默文风知名的小说家、散文家。也是夏目漱石的弟子。

上学的时候，之前提到过的朋友盐谷贤十分喜爱他的作品，多次向我大力推荐的缘故。

之后，我就慢慢开始接触他的书，读后发觉果然有趣，最终成为他的书迷。

《阿房列车》[①]等书我读了不下几十遍。

在我发现自己相信的事情与世人相信的事情之间存在差距，以致内心濒临崩溃之际，我重新阅读了百闲的书。从他"古怪"的行为中，我的心灵得到了慰藉，他也因此成为我人生中不可或缺的作家之一。

这就是一个很好的例子——先有耳闻，然后着迷，最终读懂。

再说一遍，关键词是"原来如此"。

此外无须赘言，只要听别人讲给自己就好。

只要这样做，总有一刻能隐约感受到它的氛围。增加一些自己一知半解的领域，其实格外重要。

---

① 铁路游记。对于喜爱铁路的百闲来说，旅行本身并无特别，重要的是搭乘火车。每每到了终点站却不下车，一定要原路返回，这种执拗的行为饶有趣味。

因此，我们要珍惜那些沉迷于阅读自己不了解的领域的朋友。

做好心理准备"接受剧透"

关于书的内容，我们无须将其尘封在个人的内心世界。我强调过多次，书是一种可以让人作为话题谈论的事物。我个人感觉谈论书籍正是时下社会缺少的一种良好风尚。

前些天，我看到一名中年男子向一名年轻女性炫耀说，自己读过《半泽直树》系列图书（代表作包括《我们是泡沫经济时期入行组》《迷失一代的逆袭》）的作者池井户润的全部作品。

我觉得那是一个格外美好的场景。

我们也应当像那名男子那样主动谈论"我读了这样的书""你觉得怎么样"之类的话题。

也许有人觉得这样做会泄露情节，让人失去兴趣。但书籍则不然。

书的内容是可以泄露的。

一本好书不论泄露多少内容，依然是有趣的。

可能有人会觉得，一旦知道了结尾就不好看了，尤其是悬疑小说。可是，像《东方快车谋杀案》[①]一书，我可以在此透露一下情节：列车上的所有相关人员都是凶手。即便知道了这一惊人的结局，此书读来依然引人入胜。

阿加莎·克里斯蒂的另一部代表作《罗杰疑案》也是如此，凶手竟然是讲故事者本人！这个结尾非常有名。尽管尽人皆知，但读来照样精彩绝伦。

这种明知结局还能够令读者爱不释手的书，应该算是真正令人叹服的书了吧。

所谓"拒绝剧透"的时代潮流，阻断了谈话的知识切入点，极大地限制了我们的视野。

本来，所有的谈话都应当始于"那本书怎么样？""你觉得如何？""我觉得……"这样的句子。所以，请大家做好充分的心理准备接受剧透。

名著是可以超越剧透的。

[①] 英国推理小说家阿加莎·克里斯蒂的代表作之一。

绝对关键点5　区分"网络的轻松"与"纸质的高端"

正因为现在是可以在网络上轻松传播信息的时代，所以网络上的信息也是鱼龙混杂的。要判断出哪些信息值得我们相信，其难度绝非一般。

从这一点来说，书中载有的信息属于经过反复斟酌推敲出来的"高端信息"。

比方说，如果想了解史蒂夫·乔布斯，与其到网上漫无目的地搜寻他的相关知识，不如仔细阅读《**史蒂夫·乔布斯传**》，这样得来的知识更为准确和系统。**正是因为处于有无数信息在互联网上扩散的时代，书本给予人的价值感才更高。**

举个例子，你知道一万小时定律吗？

在前面的章节中曾提到马尔科姆·格拉德威尔的《**异类**》，书中介绍了这一定律，该定律也因此而出名。

定律的内容是：不论是世界级的科学家，还是职业高尔夫球手，或是料理达人，在任何一个领域里要想成为佼佼者，都需要花上至少一万小时的努力。

格拉德威尔本就是一名公认的写作者，"不论与生俱来的是怎样的才华，如果没有一万小时以上的锤炼，几乎没有人能够成功"，为了显示这种规律性，他在书中给出了以下一些依据：

"披头士乐队在凭借那些知名金曲成为万人瞩目的偶像之前，曾经有过在德国汉堡的剧场每周登台七天、每天八小时的经历。在他们于1964年最终走红之前，已经完成了一千两百多次的现场演出。"

"被称为音乐神童的莫扎特也毫不例外。他以六岁就开始作曲闻名于世，但当时的作品并非十分出色。那些如今依然家喻户晓的名曲，例如《降E大调第九钢琴协奏曲》等创作于他二十一岁之际。也就是说，自他开始作曲之后，已经经过十余年的时间……"

作者在深入调查了多方资料之后，举出以上种种实例，细致详实地解释了为何会有该定律之说。

与在网上随意发出"任何人训练一万小时都可以提高水平"的匿名帖子相比，两者说服力显然有着天壤之别。

正如前面所说，一本书要经过多人的校对确认，其可信度远远高于网上的诸多媒体。另一方面，并非只有这一本书是正确的，可能存在同样对信息进行压缩的书，但观点却与之相反。只要多接触几篇内容有深度、可信度高的文章，应该就能够培养出辨别能力。

从轻松度来讲，网络上的信息略胜一筹；从可信度来说，纸质书无可比拟。即便是一门可以轻松收集信息的技术，也要先学会查阅纸质书。

为什么去实体书店如此重要

如今，有许多人会在亚马逊之类的网上书店买书。

要找到自己想要的书，去网站搜索是非常方便的。但另一方面，要想通过这种方式发现自己不了解的书，也是难乎其难。

如果去实体书店或者图书馆的话，可以一次性俯瞰整个书籍的海洋，很可能会遇到莫名吸引自己的书。

通过浏览那些浩如烟海的书，我们可以发现眼下自己缺少什么，需要什么领域的书，从而找到自己"身体"所需的书籍。

我正是通过这种方式邂逅了《绿山墙的安妮》，在图书馆里摆放得整齐有序的书中，唯有《绿山墙的安妮》的书脊看上去熠熠发光。

当然，网上书店也会给我们推荐一些"阅读本书的人，还有可能感兴趣的书"，但通常不会超出预想范围。

假如是在实体书店或者图书馆，只要随意走动一阵，就可能发现自己完全不了解的领域。书店主推的书会摆放在醒目之处，每家书店的摆放方式也各有不同。只要光顾那些符合自己喜好的书店，就可能遇到看似陌生实则内心真正需要的书。

在实体书店里，热销书会按排名依次摆放好，还会设有各种分门别类的书架，包括"经典图书""厨艺类畅销书""读懂宇宙的图书合集"，等等，令人在不知不觉间把握时下的潮流动向。

于我而言，通过随意浏览各种书籍，制造出意外的邂逅，会起到大大开阔个人视野的作用。

让我们去实体书店里寻找那些书脊熠熠发光的书吧！

怎样使用电子书

我既读电子书，也读纸质书。纸质书最明显的好处在于方便浏览整体内容，这就好比实体书店与网络书店之间的差异。

纸质书可以通过随意翻看，大致浏览一下整本书的内容。也可以通过纸张的厚度，随时感受到拿在手上的整本书的重量。

要想通过关键词进行检索，使用电子书是绝对快捷的。但要想知道某个地方大致写了哪些内容，进行泛泛的查阅时，纸质书会更加直接一些。

电子书在目的明确时使用方便，纸质书在广泛浏览时更为直接。看起来，两者的用途是有所区别的。

有报告结果显示，阅读电子书与纸质书在对书中事实的记忆方面并无差别。但在记忆事件发生的先后顺序和时刻方面，阅读电子书更容易使人产生混乱。

也许是因为**纸张拥有的"易浏览性"对于从整体上把握事件更为有效**。

我初次接触电子书是在 1995 年留学英国期间。当时在国外很难弄到日文书,我特别渴望能够读到日文读物。

就在此时,新潮文库刚好推出了《新潮文库一百部》的光盘,是一套精选了一百部人气书籍的电子书。

相较于纸质书可以随意地躺着读,吃着咖喱饭读,电子书要守着电脑才能读。尽管这一点令我觉得有失自由,但心中仍然无比喜悦。至今我依然记得,自己当时如饥似渴地阅读吉村昭的《**战舰武藏**》等书的情形。

电子书与纸质书适用的场所不同,便利程度不同,拿在手上的触感也是不同的。

同一本书,用电子书读还是纸质书读,在信息获取方面可能不相上下,但实际的体验应该存在明显差异。

例如,同一部电影通过智能手机观看和在影院观看,其观感是明显不同的。因此尽管如今随处都可以看电影,选择去影院观看的仍大有人在。

音乐也是一样,尽管在网络上随时都能欣赏,但愿意去现场聆听的人也不会消失。

那个时候是和谁一起去会场的,走哪条路去的,周围的人是怎样的……体验就是这样建立起来的。对书的记忆

也并不仅仅是由内容构成的。希望各位能够珍惜自己围绕读书产生的各种回忆。

珍惜书籍，就是珍惜人生中的体验与经历。

绝对关键点 6　分清好文章与坏文章

明白自己对文章的好恶固然重要，但喜好也因人而异。另一方面，对于"世间公认的美文""传世名篇"，了解文中究竟使用了怎样的表达方式也是极为重要的。

比如夏目漱石被称为日本伟大的文学泰斗，那么你是否能够不假思索、直截了当地认同这一点呢？

请务必读一遍漱石的小说（读过的朋友也一定要再读一遍），想一想为什么他会受到如此高的评价。

假如小说太难的话，看看歌词如何？

井上阳水的歌曲中歌词一向写得优美至极。此外，松任谷由实和中岛美雪的歌词与其他大部分歌词相比，水准也是高下立见（再说一遍，这不是"好恶"的问题。只是从客观上分析歌词的优美程度）。

看得出这些差距的人应该不在少数吧。

书籍也是同样。"自己的喜好暂且不论，为何此人的文章会被大多数人赋予如此高的评价？"如果能全面认清其理由，就可以说真正具备了"读书通"的眼光。而此时，自己的语言也会拥有说服力。

复制粘贴会使大脑退化

近来，有许多人在网上读写文章。但是，需要注意的事项是"负荷过少"。

在网络上可以轻易地对内容进行复制粘贴。人们把从各处摘取的信息片段轻易地拼凑成一篇文章，或把他人的想法作为自己的意见直接发出去，这些行为已经变得很普遍。

然而，这种行为在某种程度上等同于"弄虚作假拿满分"。通过作弊的方法拿到满分时，尽管我们可能会被父母表扬、通过资格考试、取得其他侥幸的成功，但在自己内心深处，真的能够感受到喜悦吗？也许未必。

在社交网络平台复制粘贴各种文章并发布，或许短时间内会收到多人点赞和关注。

可是，由于并未给自身的大脑带来"负荷"，相应地也就感受不到多少喜悦，得不到成长，只会增加内疚感。

关于解剖学家养老孟司的一件小事，至今令我印象深刻。

当时，我正担任一本自然科学类杂志特辑的编辑，拜托养老为杂志报道撰稿。

考虑到他日理万机,我提议不必他本人亲自撰稿,由我来听取并记录就好。

"当然是自己写才开心啊。"

养老如是说。

自己写文章,等于亲自接受考验。我激动起来:"是啊,那样的确会开心的!"

之前,我只考虑了如何有效地总结内容,却忽略了个人内心感受到的"愉快"。

将文字从大脑中提炼出来的行为会加重人的负荷,使人疲劳,也许效率并不高。但正是因此,在完成之际大脑才会无比开心,并得到成长。

假设我们参加了42.195公里的全程马拉松,中间十公里选择搭车作弊,那么在跑完之后还会感到特别开心吗?恐怕还是从头至尾坚持跑完全程最让人开心。只有以这种方式锻炼下来,才会在身体里留下某样东西,使人愿意继续迎接下一次挑战。

语言拥有这样的"经济价值"

想请人做事,或是要向人传递信息时,写文章的能力是极其强大的武器。

有时我也会收到那种充满说服力的邮件,邀请我去工作,读后令我内心激动,想要立刻提笔回信给他。

仅仅通过巧妙地表达一件小事,就可以撼动对方的心。

而小看文字表达能力的人,实际损失巨大。

美国一家公司负责官方账号的人辞职之后,受到了公司的起诉。

这个官方账号的粉丝人数共有一万七千人。虽说是公司的账号,但这些粉丝是此人花费四年时间和精力,通过自己的留言一步一步吸引到的。

因此,他在辞职之后仍然坚持使用该公众号留言。可是,站在公司的立场来看,该员工辞职后继续使用官方账号发言一事给公司带来了极大的困扰,因此对他进行了起诉。

那么,这一万七千名粉丝究竟属于这名男子,还是属于公司——此事一时间成了争论的焦点。

最终,这名在辞职后的八个月间仍坚持使用前公司账号发言的男子被要求进行损失赔偿，金额按照每名粉丝每月2.5美金计算，总额达三十四万美金。

实际可否换算成金钱暂且不论，这个例子的确可以说明**语言是拥有经济价值的**。

即使与所有技能进行比较，好文章也绝对拥有产生金钱的能力。希望大家不要小看文章，不要认为它充其量只是篇文章。

绝对关键点 7　对"速读"运用自如

看到标题，您可能会觉得这与我之前讲的内容有些矛盾。我在本书一贯强调的，是人的教育素养中既要包含通过熟读掌握的部分，也要包含浅尝辄止的部分。

自己能够做到的事当然应该努力做到。但是，每个人也有能力无法企及的事情。对于这些事情，我们应该去请教朋友，或者提前阅读相关内容。

最后，我还想加上一条：通过速读把握书籍整体的感觉。

速读的人在快速阅读的过程中能否理解书中的全部内容呢？有研究表明，速读时对内容的理解程度是会降低的。无论是多么厉害的人物，一旦进行速读，理解程度都会相应地降低。

反过来，那种读书一定要逐字逐句理解的想法也是不对的。**通过快速阅读掌握百分之五十的内容就已足矣。**学者们也是这样做的。

婴儿在牙牙学语之际，并不可能完全理解周围大人所说的话。正是在不断地听到大人那些不知所云的话语的过程中，婴儿的语言能力才得以一步步提升。同样地，我们无须在一开始就要弄懂全部内容，而应当让他人的语言如音乐般流动在耳边，从而逐步掌握这些内容。

这种时候干脆跳过，直接进入下一阶段

你是不是也遇到过这样的事情：因为很多人在谈论某本书，所以你觉得自己也应该读一读，但买回来后却发现读不下去。

对这种"索然无味"的书籍就可以进行速读。而且，速读的时间在五分钟或者十分钟就好。

人与书之间也有合得来合不来的情况，因此无须认真地读完每一本书。

我也是如此。遇到漱石等人的书，就可以甘之如饴地一口气读下去；而对于不太合自己口味的书，就会看看目录，以其中自己感兴趣的部分为主，快速地浏览一下。这种"茂木式速读法"的要点有以下几个：

1. 浏览目录，掌握整本书的框架

2. 发现自己感兴趣的标题，将此处作为阅读重点

3. 翻看全书，掌握书的大致内容

要想把所有书籍从第一页按顺序读到底，是件辛苦的事情。日本人从小就被学校里的老师教导："从头到尾、一字一句认真地阅读（有时还要加上朗读）才是对的。"可能也是因为这个原因，所有人都习惯于这种"好学生的读书方法"。其实熟读过的书籍在每次重读时，可能还会有不同的感受。即使已经认真细致地阅读过，也未必就能全部读懂。

语言不仅拥有含义，也拥有韵律。尤为重要的是，要时常关注蕴藏在语言深处的旋律。

对于前面 1 至 3 点中只选取要点进行阅读的技巧，其实有个稍微正式的名称，叫作**"略读"**（skimming）。我们在书店读书时，不正是使用了这种方法吗？

这种做法绝非对书籍的亵渎，反而是开始学习的正确方式。

日语是一种以表意为主的文字，通过粗略的浏览就能够读懂大致内容，是一种很适合略读的语言。

说到英语，反而是一种必须依靠逻辑才能阅读下去的语言。即使对于英语为母语者恐怕也很难做到略读。

　　从这个意义上讲，生于表意文字的国家很幸运。因为即使是略读，也要比不读好得多。

本章小结

- ✓ 越是头脑聪明的人,越会不分领域地"杂读"。
- ✓ 一天只需读十页!
- ✓ 降低心理上的难度,培养读书习惯。
- ✓ 找到人生中最重要的一本"教典"。
- ✓ 不知道读什么好的时候,可以向书迷朋友请教。
- ✓ 要锻炼大脑,写文章是行之有效的。
- ✓ 索然无味的书可以快速阅读,之后干脆地转向下一本书。

第五章

精选十本书作为"可供一生使用的财富"

从"知识的宝库"中偷来我们真正需要的东西!

要以这样的姿态面对复杂的时代

好书的标准有时是因人而异的。

既有人觉得信息丰富的书才是好书,也有人希望了解更多的新知识,还有人认为书是用来娱乐的,能使人快乐的书就是好书。

在最后一章,我以用优秀的态度对待人生为标准精选了十本书。

正如无数摇滚青年呐喊的名言——摇滚代表的并不是音乐类型或乐器种类,而是一种态度(attitude)!科学也好,文学也好,商务也好,人际关系也好,我们需要明白的是对一件事采取怎样的"态度"——是守护,是反抗,还是尊重。

在实际生活当中,这些书对树立我的人生态度有着非同一般的意义。如何面对人生、工作、朋友?如果各位能与我共同思考,我将深感荣幸。

了解国家与个人——一本思考自由的书

《自由选择》
米尔顿·弗里德曼

这是我在二十岁时读到的一本书。

首先希望各位体会作者对于"自由"的态度。

书中主张国家的资格考试应该全部取消。举个最极端的例子，书中甚至说连医生、护士都不需要拥有国家资格证。

不需要资格的话，似乎人人都能开业从医了。大家可能会觉得，这样的社会简直是天方夜谭。

但是，弗里德曼认为可以。

水平不够的医生必然无人光顾。即便不遵守"国家"的规定，只要交由"市场"决定，有些人自然会被淘汰。

就算你希望当一名医生，对方也会考虑你的可信度，调查你作为医生安全可靠的依据。

目前，毕业于医学院并通过国家级医师考试是从医的条件,可这并不能令我们足够放心。也许,这并非成为一名优秀医生的最佳途径,国家给出的标准不过是一个框架——这些就是弗里德曼的想法。

他反对国家和公立机构做出的各项规定和限制,甚至认为毒品都应该合法化。也就是说,**事物的好坏不应由国家决定**。

需要禁止或取消的事物很可能会被市场自然淘汰掉。或者说,**给人充分的自由,才能通过努力创造出最好的事物**。而政府的各项规定和限制,只会起到妨碍的作用。

本书于1980年出版,旋即成为风靡美国的畅销书籍。

与弗里德曼的想法直接相关的,是美国的开拓者精神,以及苹果等时下新兴IT企业拥有的**"市场要由自己来开拓,无须借助国家和政府的力量"**这一独立自主的冒险精神。

可是,这些精神于我们而言尚属鲜见。因为,日本人更注重权威,会把政府和企业的体系,以及高等教育机构等"大的事物"拥有的权力看得十分绝对。

此前,在科学研究者小保方晴子因STAP细胞问题被撤销博士学位时,绝大多数日本人的反应是:"如果早稻田大学不改进博士学位的审查制度，其博士称号将失去信用。因此，务必制定出令人信服的标准。"

我的立场稍有不同：并不是拥有博士学位就能做好工作，有问题的是将其认定为唯一标准的我们。

至于要达到怎样的标准才能获得学士或博士学位，弗里德曼自然反对由国家和大学等公立机构来决定。至今，我仍然能够感受到这本书带给我的巨大影响。

我想，即使该书毁誉参半，它也可以成为令人直面社会存在形式的一个契机。

"黑暗面"让人绽放光芒——一本构建"人类基石"的书

《悲剧的诞生》

尼采

本书诞生于1844年。作者尼采聪明绝世,二十四岁时就已成为大学教授并被寄予厚望。此书是他于二十八岁发表的处女作,却招致当时学术圈的排斥。

同行的大学教授们曾经对他惊叹无比:"在漫长的教授生涯中,从未见过比此人更优秀的人。"一个拥有如此才华的人物,年纪轻轻就成为教授,却为何会走到被学术圈排斥的地步呢?

一言以蔽之,因为他讲出了自己的思想。

在治学的场所中,多数人要做的事情,大多是通过引用各种已有文献撰写论文。例如,为了证明A是对的,会通过"B是这样说的,并且与C所说的相呼应。因此,A果然是对的"导出结论。总之,当时的学术圈是一个"不能写出自己想法"的地方。

尼采正是在《悲剧的诞生》中写出了自己的思想,所以从这一刻起,他就不再是一名学者了。据说由于这本书的面世,尼采的大学课堂变得空无一人。应该说,他从这一刻起成了真正的"思想家"。

为何不能讲出自己的思想?学问究竟为何物?说到人应该怎样活下去,我个人的直觉是,尼采的思想要比当时的学术圈更为正确。

我之所以会选择阅读这本书,是因为读到了音乐评论家吉田秀和在《朝日新闻》上发表的"我生命中的一本书是它"。记得当时我上高一,这本书使我懂得睿智是怎样一回事。

《悲剧的诞生》中尤为著名的思想是:一种理性的、清晰的、明朗的"日神"特质,与另一种混沌的、冲动的、兽性的、阴暗的"酒神"特质纠缠交织,形成了古希腊文明。

虽说书中谈及的是古希腊,但尼采提出的"日神"与"酒神"的概念,是适用于全人类的概念。

每个人身上应该都兼具"日神"特质与"酒神"特质。可是，我们都在不知不觉中以"日神"特质为理想，认为自己必须是那样的。然而，尼采认为不论文化还是个人，都是由这两种特质纠缠交织而成的。

简言之，"日神"特质指的是好学生的事。然而，实际要完成某件事，往往不仅需要"日神"特质，也要在与"酒神"特质交织之下才能达成。

例如，苹果公司史蒂夫·乔布斯的身上就有着人际关系失败、将听来的创意当成自己的创意转述等这种"酒神"的部分。可是，如果没有这样的部分，"日神"的一面也无法发挥出来。

我在前面的章节中曾多次讲过"危险性"的重要，这一点应该也是从《悲剧的诞生》中学到的。

人的正能量、一眼可见的长处、无可匹敌的智慧与制造麻烦的黑暗面是相互交织的。正因为这本书使我了解到制造麻烦的黑暗面带来的影响，我才能不惮于直面人黑暗的一面。

在我心中已经依照尼采提出的概念，形成了一种看待人类的"有效模式"。

我相信我所看到的世界,远比那些心中不存在这种模式的人丰富。在"必须顺应社会""学术界至高无上"等单一看法横行的社会,与这本书的邂逅使我心中曾经耿耿于怀的部分得以烟消云散。

推荐大家读一下这本书,尤其是在自己的想法与周围人格格不入,感觉孤立无援之际。从书中你会发现像尼采一样即便与周围格格不入,也要说出事实真相的人。

极富正能量的诺贝尔奖科学家——一本了解"理科思维"的书

《别闹了,费曼先生》
理查德·费曼

这本书是诺贝尔物理学奖获得者、物理学家理查德·费曼的自传。

学文科的人读了这本书可能会感到相当诧异——原来理科生在思考这些乱七八糟的事情!从积极意义来讲,读来可能会有种遭人背叛的感觉——跟自己想象的理科有着天大的不同!

相反地,理科生读后会再次坚定,"是的,我们本来就应该如此!""不达到这个程度是绝对不行的!"对于理科生来说,**此书堪称生活方式的教科书。**

在20世纪的物理学家中,费曼被称为与爱因斯坦完全不同类型的天才。前面的章节中我介绍的都是"酒神"特质显著的天才们,而费曼却是个例外。他开朗积极,为充满正能量的生活竭尽全力,是一位另类的天才。

作为一名杰出的物理学家,他在二战中参与了在洛斯阿拉莫斯国家实验室制造原子弹的"曼哈顿计划"。然而,即使是如此严肃沉重的计划,只要在研发过程中发现设施和制度上的问题,他还是会采取顽童般的方式予以应对。

当发现本应戒备森严的洛斯阿拉莫斯国家实验室的围墙上开了一处破洞时,他采取的方法是每次从那个洞口钻进室内,而在离开时走正门。几次三番后,门卫发觉"一次也没见到他进来,他却多次从实验室里出去!"他以这种方式来转告对方设施中出现的问题。

他没有选择直接告知对方墙上破了个洞,而是绞尽脑汁地通过顽童式的恶作剧,间接提醒对方发现问题。

这正是费曼保持个人正能量的秘诀。

此外,还有许多趣事不胜枚举。

费曼每次在酒吧里邀请女孩喝酒,都会在关系拉近之前被对方甩掉。为此,他向酒吧里的一名男子大吐苦水,结果对方却告诉他一个十分意外的事实:"请女孩吃饭是不对的。你要是不请，对方就会主动了。"

费曼感到大惑不解，决定试一试究竟。这一次，他按捺住内心想要请客的绅士风度，即便对方希望他请客，他也故意装出一副毫不客气的样子："你自己付就好。"

可是，就在他要跟女孩一道离开酒吧时，却一念之差帮对方付了三明治的钱。于是，女孩立刻称有事要离开。

费曼慌了，"糟了，我忘记人家的提醒了！"他心里想着最起码要把请客的钱拿回来，便怒道："是你让我买的这些三明治！"遂向女孩讨要那笔钱。

女孩自然尴尬不已，二人当场分道扬镳。等他沮丧地回到酒吧向那名男子汇报了结果，男子却说："没问题。说到底你一分钱也没花，她今晚一定会来找你的。"

结果，令人大跌眼镜的是，女孩居然真的折返回来了，事情正如男子所料。

最后，据说因为这种"泡妞技巧"过于奏效而令他感到后怕，再也没有使用过。

这本书为我们生动描绘出了这样一个典范：**想尽愚蠢幼稚的办法，使世界变得乐趣十足，以一种犹如舞蹈般轻**

盈的态度对待生活，面对理论必定会亲身实践——这大概就是典型的优秀理科男吧。

对于这位虽有些爱诡辩，但思考事物深刻至极，凡事都积极向上的天才物理学家，这本书使人得以一窥他脑中的思想。

阅读译文感觉有趣的人，可以试试读一下英文原版。

对于第一次尝试阅读英文书的人，它的诙谐有趣很可能使你愿意一口气读到底。

真正的善良是什么——一本发现"心灵美"的书

《玻璃门内》
夏目漱石

虽然之前多次提到夏目漱石,但在此还是想把这本书推荐给大家。

此书是漱石回顾一生的散文集。写小说时他会尽量隐去自己,而从《玻璃门内》一书中,我们可以充分窥见漱石本人究竟是怎样一种性格。

如果你想要了解"心灵美"究竟是怎样一回事,可以读一读此书。

书中有这样一则轶事:一名陌生的年轻女子登门请教,她把自己的人生故事讲给漱石听。关于讲述的内容,书中并未提及。总之,这名女子有着痛苦不堪的经历。

女子问漱石:"我是如此难过,还应该活下去吗?"

漱石此时也只能默默倾听，深感自己无能为力。那一刻，他感觉自己几乎濒临窒息。

后来夜深了，漱石要送她回去。一开始女子坚持不肯劳烦他，但漱石还是与她一道出了门。这时她说："老师您能亲自送我，实在让我感到荣幸。"漱石回道，

"你是真的觉得荣幸吗？"

"是的。"

"那么，就请你不要寻死。"

他的意思是，一个人既然还能够由衷地感到荣幸，就说明的确有活下去的意义。如果人生中仍然会对某事心存感激，那么务必坚持活下去。

面对突然造访的女子，他并未随意发表一番言论，而是在认真思考之后给出了答案。说他是位"真心真意之人"应该是实至名归。

撇开私心，毫无计谋，将人生中的种种喜悦与哀愁全部作为自己的东西真诚地接纳——我多么希望自己也成为拥有如此美好心灵之人，这也是日本人的传统理念与思维方式。

英语散文是绝对传递不出这种味道的。英文读物多擅

长批判性、分析性的思维，这方面非常值得我们参考。但要了解日本人独特的思想与感受方式，尤其是其中的细微之处，该书绝对是最出色的散文集。

正如从《我是猫》中看到的，将自己伪装成猫儿，看待事物客观严谨，具有批判精神的夏目漱石竟然写出了如此清新纯粹、柔和轻盈的散文，这种矛盾融合的体现，也令人无法不发出赞叹之声。

漱石究竟经历过怎样的艰辛历程？仅凭给人的想象，这部作品也是意义深远的。

人看到神的那一刻——一本了解"宇宙与地球"的书

《从太空归来》①
立花隆

在本书中,立花隆约见了美国国家航空航天局(NASA)载人登月飞行任务(阿波罗计划)中的宇航员,采访了他们在太空之中的感受。

无须赘言,宇航员在返回地球之后,曾在NASA一连数日进行汇报并接受检查。但那些检查仅仅基于技术层面,似乎并未对他们内心的体会有所关注。

他们中绝大多数人原为部队飞行员或技术人员。此前,他们对自己的内心也并未有过太多关注,直到接受了立花隆的采访之后,他们才第一次描述出自身的精神变化。我

---

① 原书名为『宇宙からの帰還』,中公文库出版。——编者注

寻遍英语圈，也未曾发现类似的书籍。所以说，此书堪称非虚构文学中的巅峰之作。

那些降落在月球表面的宇航员，也是全人类中从最遥远的地方俯瞰过自己日常生活之处的一群人。书中告诉我们一个令人惊异的事实：与之前相比，他们所有人的身上都发生了颠覆性的变化。

一名宇航员的话证实了这一点：

地球的美来源于，在那里，也只有在那里，才有生命的存在。而我自己就生存在那颗星球上。在那遥远的地方，地球孤独地存在着，其他任何地方都不存在生命。在自己的生命与地球的生命之间有一条细细的线牵引着，不知何时这条线就会断裂。我们彼此都是相当脆弱的生命。如此脆弱无力的生命，就存在于这茫茫宇宙之中。无须任何说明就能真切地感受到，这才是神的恩赐。（中略）那一刻，我真实地感受到神就站在那里。

所谓宇航员，本是一群以理性思维思考事物的人。如果不理性思考事物，就无法完成那些要求严谨的任务。虽然他们并非都拥有信仰，但其中的绝大多数都在茫茫太空中清楚地看到了神的存在。

比起将书中的这种体验当作描写上帝真实存在或神秘体验的奇异推理小说来阅读，它更是一本让人思考当我们尽可能远离自己平日所在的地方时，我们的内心究竟有怎样的感受、如何发生变化的书籍。

例如，目前由于地球环境的恶化，有人提出是否应该考虑在月球表面或宇宙空间，甚至是火星上面建造适合人类居住的设施。

可是，当我们仔细聆听了宇航员的话之后，就会发现地球才是最适合生命生存的地方，是一颗堪称奇迹的星球。在选择转移到条件恶劣的火星之前，我们应该更加珍惜属于自己的地球。

从太空中看去，地球仅仅是一个孤立无援的生命体。

整个地球是一个个体，完全没有"国界"之类的概念——这是宇航员们亲身体验到的。多亏有立花隆的采访，才使我们了解到这些宝贵的经历，这难道不是我们的幸运吗？

努力活在当下——一本寻找"自我救赎"的书

《伊凡·杰尼索维奇的一天》
索尔仁尼琴

这部小说讲述了被关押在苏联劳改营里的一个人度过的一天。

在这里的每一天,处处都可能因一点小事被决定生死。本书选择描写的并非多么难过的一天,或者多么戏剧性的一天,而只是在冰冷到身体几乎冻僵的劳改营里平淡无奇的一天。

读到这里,各位可能想象到该书是一本控诉劳改营的无情与不公的社会派书籍,实则不然。

怎样才能盛到菜量多一些的菜汤,怎样藏匿便于劳作的工具以不被别人抢走,替谁干点什么活才能搞到香烟——书中的关注点仅仅是"当下",巨细无遗地描绘了伊凡想尽千方百计度过这一天，最后感叹"今天又是美好的一天"的生动场景。

主人公不断地在当下这一刻，为怎样移动物品更方便搬运之类的问题赌上自己的生死。只要有丝毫的差错，就可能被送往地狱一般足以冻僵人的监狱之中——读者也会为此忐忑不安，紧张不已。

这是一本仅由"当下"构成的书。也就是说，此书在刻画当下的切身感受上，堪称出类拔萃。全书内容令人充满身临其境之感，是一部绝佳的娱乐小说。

例如，虽说是清汤寡水的菜汤，有从蔬菜沉落的锅底捞上来的一勺，也有从锅的上部捞出来的一勺。这会让读者为主人公能否得到菜量更多的一勺捏一把汗。

此外，在描写香肠时，那味道就像在读者自己的口中蔓延开来一般：把一小段香肠投进嘴里！用牙齿咀嚼！用牙齿！啊！肉的香味！这可是真真正正的，肉汁啊！这玩意儿，现在，滑进了肚子里。就这样，香肠没了。

在低至零下四十摄氏度的酷寒地带，干活的地方连暖气都没有，他们只能吃着极度缺乏营养的猪食般的食物。

就在这样的一天里，主人公想尽一切办法使自己不至于病倒，兴高采烈地干完活，靠中午的一碗稀粥填饱肚子，想着明天就会来临，然后伴着幸福安心地入眠。

"完全没有一丝能给予自己安全感的东西，今后该怎么办？"对于生活在现代社会，一直为未来忧心忡忡的我们，如果能随着他的感觉一一体验下去，难道不是被救赎了吗？

我觉得，**这是通过最优秀的表达方式呈现出来的，既鲜活又震撼的"幸福论"。**

了解他人痛苦的人——一本与黑暗对峙的书

《狱中记》

奥斯卡·王尔德

出生于富贵家庭的奥斯卡·王尔德自学生时代起就才华横溢，聪明过人，过着穷奢极欲的生活。作为一名崭露头角的年轻作家，他著有《快乐王子》等书，被世间公认为真正的天才，一跃成为英国社交界的宠儿。

如此年少成名的他，竟然于1895年以同性恋罪名被捕入狱（悲哀的是，在当时的英国这是一种极不光彩的罪行）。

在从极尽奢华的人生顶峰跌入万人唾骂的低谷之际，他在狱中写给恋人的信，就是后来这部《狱中记》。

令王尔德万万没有料到的是，这个世上的所有光明面与黑暗面，他都因此得以体会，也最终领悟到了基督的本质。

《以赛亚书》（旧约圣经的预言书之一）中关于基督曾

经这样预言:"他将会被蔑视,被拒绝。"这世间最受人尊崇的救世主,也曾是最受世人蔑视的人物——他认识到这其中有着基督教深刻的睿智。

他明白了,我们在潜意识里会认为这个世界有光明的部分与阴暗的部分,而他也要生活在光明的世界里。

但实际上,**生活在华丽世界里的人,为了得到这些也付出了痛苦的代价。**

并且,在光明的世界里既有真正富有才华的人,也有与之相反的人。此外,有人虽然才华横溢,却对奢华的世界并无兴趣。

如果只看重那些耀眼的成功,或许就会忽略事物的本质。

例如,书中说到,即便是王尔德的密友,也无法理解狱中的他,曾对他说:"不再站在高台上的你,无聊至极。"

在他最需要帮助的时刻,居然有人说出如此无情的话语。

如果一味相信那些耀眼的成功,人就只会残忍地对待他人的弱点,背对自己和他人的黑暗面。

但是,王尔德这样写道:

为何大家不知道"你是如此远离'耶稣的秘密'""在

他人身上发生的事也会在自己身上发生""在自己身上发生的事也会在他人身上发生"呢?

大概能够深刻理解王尔德《狱中记》的人,**不论是否生活于光明的世界,都不会在人生中迷失自己吧**。

因此,我们就可以理解所谓的功成名就需要付出多大的代价,也会借此练就**一双火眼金睛,明白任何人都有其阴暗之处**。

只有通过这样的眼睛,才能够理解他人的痛苦,道出背负了个人痛苦的谦卑话语。

"可爱"始于此处——一本学习"日本之心"的书

《枕草子》

清少纳言

对于这部名气大到无须多言的《枕草子》,我之所以还要在这里介绍给大家,是因为这本书将今天我们拥有的所有"日本的美好之处"浓缩到了一起。

"春日黎明正好""说到可爱,就想到那日幼子匆忙爬过来时,眼尖地发现了尘土,便用小手抓起举给大人看的画面""心动是在洗过头发,淡扫蛾眉,穿上香气袭人的衣衫的那一刻。就算没人看到,心情也会格外美好",等等,从中可以看到**日本人的"感性目录"**。

我最爱的一幕是这样的:在琵琶声的萦绕下,女子的谈笑风生中,清少纳言默默地斜倚在柱子上。中宫定子问道:"啊,怎么了?"她答道:"只是在看月亮。"

即便是在现代,也会有这样的情形:当聚会上某位朋友独自离开圈子落寞地溜出去时,自己会走过去关心地询问一下。

仔细想想,这样一段对话居然被写入文章并流传了下来,也堪称奇迹了。

要说英语圈中的传世文学,基本上都是像托马斯·马洛礼的《亚瑟王之死》那样令人惊叹、气势恢宏的故事。而能将这种与之截然相反的虚幻细腻保留下来,实属不可思议。

紫式部的《源氏物语》同样是讲述内心变化的,但这部小说捕捉的是内心更深处的变化。

与之相比,《枕草子》中蕴涵更多的则是堪称现代动漫源头的"宽松"。如今,它为日本提供了一种重新受到全世界关注的思路。

在过去,日本人曾因"只关注繁杂琐碎的小事"遭到诟病。然而在今天,每每到了樱花盛开的时节,外国游客就会蜂拥而至观赏樱花;大批的海外友人陶醉于造型小巧精致的日式点心、手法细腻的女性美甲艺术。动漫更是毋庸置疑地成为蜚声世界的一大产业。

如今最受到人们喜爱的事物是什么，读过清少纳言便可得知。

那些会在刹那之间变化多端的情感并非日本人独有，只能说日本人最先敏感地捕捉到了。

对于生命拥有的普遍特点，《枕草子》中早就细致列出了"目录"。从这个意义上讲，该书拥有世界性价值。

使顽固的头脑柔和化——一本培养"思考能力"的书

《莫扎特 所谓无常》①
小林秀雄

作为一位写文章的人,小林秀雄近来令我感触深刻。在此,必须介绍一下他的这本书。

小林是昭和时代的代表性批评家,其文章经常被抱怨过于复杂艰深。我虽然通过了高考,但在初中时代首次接触此书时却完全不能理解其内容。

好在之后新潮社发行了小林的演讲录音,当听到他明快的声音时,我感到十分震惊。

听过那个录音,我就明白了他是可以看透事物之人。也有许多年轻人听过录音感动到潸然落泪。既然如此,那

---

① 原书名为『モオツアルト・無常という事』,新潮社出版。——编者注

么他的文章难懂，应该并非因他本人不理解所导致，而是故意为之。

由此我顿悟到，小林是把文章作为绘画、音乐般的艺术作品来书写的，这也使我战栗不已。

这就是一种"不用语言过多描述"的艺术。

在现代，人们常说文章要尽量写得通俗易懂。但是，**也许有些时候写得通俗易懂反而无法表达得全面。**

近来，我在推特和脸书上留言时，会故意写一些不知所云的话。

例如，想要描述某位政治家时，我会故意用一种更加平常更加普通的表达方式。于是，毫无关联之人会误以为是在说他本人，有的人会反驳我，也有的人做出了与我本意全然相反的解释。

当然一开始读会感到困惑，但**写出可以有各种解释的文章来，读者就会有自己的理解。**我想，这就是所谓的"文章被理解了"。

现代文章的写作一般要求标题明确，不留有解释的余地。也就是说，一篇文章的写作方式是，按下 A 按钮，就会出来 B。阅读者也会按照这一方式去理解文章。

但这不能给阅读者传递出"按下 A 按钮后，会出来 C 或 D，甚至是 Z"的想法。

以"按下 A 按钮出来 B"的方式写出的文章，读者阅读时完全不需动脑，可能很快就会遗忘。

在《莫扎特 所谓无常》一书中，就有着与之相反的广袤世界。比如在"当麻"一篇中有这样一段文字：

有美的"花朵"，没有"花朵"的美。

小林的话里包含的真意，你读懂了吗？

这篇文章十分有名，但这短短的一句我却看不懂。它始终留在我的心里，使我不断地思考"是这个意思？还是那个意思？"

想想看，在我们经历的各种"现实"里，也存在形形色色的看法。

当我接受杂志采访时，既可以将其看成一场一本正经的采访，也可以说成一段喝着咖啡闲聊的时光，又或者是一场与采访者之间你攻我守的拉锯战。

不同的人会给出不同的解释。这个万花筒般的世界在小林的书里体现得淋漓尽致。

他的文章将以怎样的形式传达给怎样的读者，传达到哪里，这都会产生无限的可能性，潜力无穷。世间绝大多数文章都是带有成人口吻的文章，"世间万物我都知晓，让我来告诉你"——它们都有这样一副得意的面孔。

这本书抱持"我并不知道应该怎样培养想法"的态度，为我们展现了生命本身。我因此觉得小林秀雄的确是一位艺术家。

大学课堂上学不到的知识——一本可以窥见"复杂人性"的书

《浮士德》

歌德

故事从主人公浮士德"博学多才,却对世事一无所知"开始。

主人公作为一名学者,试遍了科学、哲学、医学、经济学、法学、神学等各个领域,最终却感到绝望——"不知道在世界的中心,能将所有事物归结到一起的究竟是何物"。

于是,他与魔鬼做交易,离开了满是书臭味的狭小书斋,被魔鬼带去体验世间的种种享乐、美好和政治,以此来了解世界,等待真理到来的那一刻。

浮士德对魔鬼(梅菲斯特)这样说道:

"假如我在某个瞬间说出'停下来吧,你是如此的美妙',你就可以将我捆绑起来,我就可以快乐地毁灭了。"

他就这样将灵魂出卖给了魔鬼。

"博学多才，却对世事一无所知"的其实是故事的作者，也是写出"色彩论"等的自然科学家、德国知识巨人歌德的亲身感受。他从二十四岁开始创作这部戏剧，直到去世的前一年，八十二岁高龄才最终将其完成。他本人也一生都在追寻人生中应当学习的东西。

在现代社会，高校升学率大幅提升，许多人在大学里学习"将来可能会有用处"的知识，但那些知识是否会让人生变得更美好呢？

正如英语中的说法——"University of Life"（人生这所大学），有些知识无法在大学课堂上学到，只能在人生中学习。

我想，《浮士德》就可以成为人生大学里的讲师。**要想了解何为"真正的学习"，它堪称最佳教科书**。我想，大家首先会为这部鸿篇巨作的体量震惊的。

我最喜欢的一幕是这样的：

浮士德的弟子在封闭的实验室中成功制造出了人造人何蒙古鲁士。何蒙古鲁士蜷缩在玻璃瓶里，与浮士德一同出游。有一天，他们看到美丽的女神伽拉忒亚乘着贝壳车，与成群的海豚一同而来。

何蒙古鲁士被流光溢彩的贝壳车吸引，想要伸手去触摸。而就在那一瞬间，玻璃瓶炸裂，他落入海里蒸发了。

人造的事物只有关在封闭的空间才能发挥作用，一旦对自然动了真心就会遭遇毁灭。

在这个科学不断进步，人们自以为已经了解生命的现代社会，我感觉这个故事极其富有启迪意义。

相关书目

前　言

《我是猫》

第1章

《别了！》
《失落的世界》
《一九八四》
《存在与时间》
《真实发生过的开心故事》
《漫画时间》
《逆转：弱者如何找到优势，反败为胜》
"雷克拉姆世界文库"

第 2 章

《列子》

"讲谈社 BLUE BACKS"

《书的杂志》

《安娜·卡列尼娜》

《引爆点》

《异类》

《纽约客》

《绿山墙的安妮》

《皇帝新脑》

《读者文摘》

《丰饶之海》

《你好,忧愁》

《百年孤独》

《追忆逝水年华》

《战争与和平》

《世界经典文学全集》

《致思华年的信》

第 3 章

《回想漱石》

《坂上之云》

《三四郎》

《罪与罚》

《白痴》

《卡拉马佐夫兄弟》

《李陵》《山月记》

《中原中也诗集》

《夏天的阴翳》

《自私的基因》

《物种起源》

《哥儿》

《永远的 0》

《1Q84》

《史蒂夫·乔布斯传》

第 4 章

《这一生，至少当一次傻瓜》

《论语》

《聪明的傻爸爸》

《堂·吉诃德》

《伊索寓言》

《不道德的繁荣》

《高丘亲王航海记》

《阿房列车——内田百闲集成1》

《我们是泡沫经济时期入行组》

《迷失一代的逆袭》

《东方快车谋杀案》

《罗杰疑案》

《战舰武藏》

第 5 章

《自由选择》

《悲剧的诞生》

《别闹了,费曼先生》

《玻璃门内》

《从太空归来》

《伊凡·杰尼索维奇的一天》

《狱中记》

《快乐王子》

《以赛亚书》

《枕草子》

《亚瑟王之死》

《源氏物语》

《莫扎特 所谓无常》

《浮士德》

图书在版编目（CIP）数据

如何用阅读改造大脑：脑科学家教我的读书法 / （日）茂木健一郎著；李力丰译. -- 南昌：江西人民出版社，2018.12

ISBN 978-7-210-10868-9

Ⅰ.①如… Ⅱ.①茂…②李… Ⅲ.①读书方法 Ⅳ.①G792

中国版本图书馆CIP数据核字(2018)第240353号

ATAMA WA "HON NO YOMIKATA" DE MIGAKARERU by Kenichiro Mogi
Copyright © 2015 Kenichiro Mogi
All rights reserved.
Original Japanese edition published by Mikasa-Shobo Publishers Co., Ltd.,Tokyo.

This Simplified Chinese language edition is published by arrangement with Mikasa-Shobo Publishers Co., Ltd., Tokyo in care of Tuttle-Mori Agency, Inc., Tokyo

版权登记号：14-2018-0293

如何用阅读改造大脑：脑科学家教我的读书法

作者：[日]茂木健一郎　　译者：李力丰
责任编辑：冯雪松　韦祖建　　特约编辑：方泽平　　筹划出版：银杏树下
出版统筹：吴兴元　　营销推广：ONEBOOK　　装帧制造：墨白空间
出版发行：江西人民出版社　　印刷：天津旭丰源印刷有限公司
889毫米×1194毫米　1/32　6.75印张　字数97千字
2018年12月第1版　2018年12月第1次印刷
ISBN 978-7-210-10868-9
定价：36.00元
赣版权登字—01—2018—830

后浪出版咨询(北京)有限责任公司 常年法律顾问：北京大成律师事务所
周天晖　copyright@hinabook.com
未经许可，不得以任何方式复制或抄袭本书部分或全部内容
版权所有，侵权必究
如有质量问题，请寄回印厂调换。联系电话：010-64010019